LA PAROLE RISQUÉE

PROBLÈMES ET CONTROVERSES

LA PAROLE RISQUÉE DE RAYMOND LULLE

Entre judaïsme, christianisme et islam

par

Dominique de COURCELLES

Préface de
Alain de LIBERA

PARIS
LIBRAIRIE PHILOSOPHIQUE J. VRIN
6, Place de la Sorbonne, V^e^
—
1993

Pour R.

Printed in France
ISSN 0249-7875
ISBN 2-7116-1144-2

PRÉFACE

Le fou de Dieu – celui qui, déployant la logique du discours de Paul sur la folie de la Croix, échange la folie aux yeux du monde contre la sagesse aux yeux de Dieu, est une figure orientale du saint. L'Occident latin l'ignore, le rejette ou le neutralise. A la lettre, le fou de Dieu vient d'Orient – *Fou*, le dixième conte de la *Vie des Pères*, nous en donne le parfait et unique exemple. Trois clercs d'Égypte veulent se retirer du monde : l'un part pour Antioche, le deuxième pour Jérusalem, le troisième arrive à Besançon. Il obtient là ce qu'il cherche : l'opprobre et l'humiliation. Mais il ne reste pas : il finit à Citeaux pour échapper à l'orgueil de la persécution. Voulant *transporter la folie de Dieu d'Orient en Occident*, *Fou*, de son vrai nom *Felix*, est, selon le mot de J.-M. Fritz, « un croisé à rebours » ; mais tout le récit de son voyage n'a qu'un but : s'arracher à l'« ambivalence du persécuté honoré », s'enfermer dans le silence, la véritable humilité du couvent : la folie urbaine, la « folie simulée dans la ville », la *salia* des spirituels syriens et égyptiens des IVe et VIIe siècles, ne suffisent pas. Venu d'Orient, *Felix*, le fou égyptien, renonce à sa folie, à la *béatitude du voyageur* – au paradoxal bonheur des *Béatitudes* (« *heureux sont ceux qui souffrent pour la justice* ») – il quitte le monde pour se fixer hors du monde, la route qui vient d'Alexandrie ne saurait s'arrêter à Besançon, elle mène nécessairement à Citeaux. L'itinéraire du *Fou* d'Égypte ne va pas de la ville à la ville, il conduit au monastère : d'emblée l'Occident refuse de faire place au fou ; il lui condamne la ville, l'espace social ordinaire, bref, il refuse l'érémitisme urbain. La dénonciation des moines « gyrovagues » va dans le même sens. Campé sur l'opposition de la ville et du monastère le monde chrétien médiéval ne peut admettre ceux qui, s'y comportant en ermites, *feignent la folie* dans le monde ; il ne peut pas plus admettre ceux qui se comportent en ermites dans l'espace conventuel et *feignent la folie* dans le monastère ni, davantage encore, ceux qui, d'un monastère l'autre, traversent l'espace social pour l'y porter.

Chaque période a ses exceptions. Le Moyen Age a la sienne : Raymond Lulle († 1316). C'est à lui et à sa folie que ce livre est consacré. Sénéchal du roi de Majorque et poète amoureux des femmes, mais qui, poursuivi, traqué malgré lui à cinq reprises par la vision du Christ en croix, abandonne son rang, son habit, sa vie, sa famille ; laïc au pays des clercs, jongleur qui, déjouant les codes et les catégories, se met lui-même en scène dans une autobiographie bizarrement intitulée *Vie contemporaine* (*Vita coaetanea*), Raymond se dit et se veut fou.

Mais Raymond est l'anti-*Felix*. La fonction sociale, à la fois prophétique et politique, de sa folie est patente et multiple ; elle est comme le centre de résonance de toutes les aspirations du XIVe siècle. Folie de cour, d'abord, bien énoncée dans le *Livre d'Evast et de Blanquerna*, où le personnage de *Remon le Fol* intervient pour aider à la réforme de l'Église et du monde engagée par le héros, le pape Blanquerna, qui, venu de l'état de mariage – comme Raymond lui-même – à celui de régulier, décrit l'itinéraire complet de la *subversion* lullienne : évêque, pape, puis, pour finir, ermite. Folie réformatrice que cet autre personnage théorique du livre, le *Jongleur de Valeur*, décrit comme un véritable office (« *Pour louer Dieu et corriger les vices de la cour de Rome, Raymond le Sage a pris l'office de fou* »). Folie d'*amour*, ensuite, folie spirituelle, folie du *voyage* qui jette l'« amant » à la poursuite de l'aimé, et le conduit « par la ville comme un fou », au risque de la prison, de la torture et de la mort. Folie, enfin, d'un itinéraire de conversion, que dans la *Dispute de Pierre le clerc et de Raymond le "phantastique"*, Lulle revendique lui-même ainsi : « Je fus un homme marié, père de famille, dans une bonne situation de fortune, vain et mondain.

Tout cela, j'y ai renoncé de plein gré, afin de pouvoir honorer Dieu, servir le bien public et exalter notre sainte foi. »

Servir – telle est la folie la plus haute. C'est celle qui lui dicte son projet suprême, celui auquel il consacre l'essentiel de ses forces, la *conversion des infidèles* par la prédication de la Raison. Réforme de la société chrétienne, quête de l'absolue pauvreté – celle du Christ et des apôtres –, recherche du dialogue avec les juifs et les musulmans, Raymond tente un impossible voyage par la pensée et par l'action : voyageur sur la terre il met son déracinement au service de l'Autre (l'infidèle, donc le Christ), lui offre une mort qu'il poursuit et redoute à la fois, et, surtout, il lui *parle*. La folie de Raymond est discours : elle parle, écrit, prêche, invective, exhorte. Prophète de la Raison, le majorquin veut convaincre par sa seule force. Cela donne une œuvre immense, articulée autour d'un texte révélé – cet *Art majeur* qu'il reçoit dans une illumination sur la montagne de Randa, cet *Art* qui, depuis Augustin et Bonaventure est aussi le nom de la Sagesse divine, Verbe et deuxième personne de la Tri-unité, cet *Art* qui est une Logique nouvelle, une théo-*logie,* mais d'abord un livre, Le Livre, indéfiniment monnayé ; cela donne une vie ouverte, chevillée par l'attente du martyre, par la peur, l'impatience et le désir de la rencontre, de la confrontation, de l'épreuve ; cela donne un projet absolument singulier, méditerranéen dans son essence, mais déplacé dans toute la Chrétienté : renouer les fils du Texte qui depuis les premiers débuts de la Révélation s'écrit dans l'histoire, entre les communautés. *Fou de Dieu*, Raymond est bien un croisé à rebours, qui fait entrer l'Orient dans l'Occident – il connaît le soufisme, l'Islam, le judaïsme rabbinique et talmudique, tout ce que ses contemporains ignorent, combattent ou persécutent ; mais c'est aussi un croisé de la Raison, voire un croisé tout court, qui, sous les traits d'Averroès et de l'averroïsme, traque les sarrasins de l'intérieur, les « philosophes » de métier, les *magistri* de Paris imbus de leur vain savoir et sourds à la demande des laïcs.

Face à un personnage si *extraordinaire*, parfois si contradictoire, qui séduit et irrite, touche et provoque, plaît et déplaît, l'historien fait la dure épreuve de son insuffisance. Comment parler de Lulle sans l'édulcorer? Comment dire sa « folie » sans s'exposer à la méprise? D. de Courcelles répond : *en s'attachant à son écriture.* Il ne s'agit pas ici de style, mais d'anamnèse. Raymond construit son œuvre et sa vie d'un même geste : il poursuit un Livre « à inventer, à frayer » comme un « chemin sur la mer », un Livre qui, à la fois, existe et n'existe pas encore, un Livre qui n'est Lui-même qu'un « vaste mouvement d'échange et de variation », « d'invention du monde et d'invention de soi ».

Pour traverser entièrement cette écriture, se laisser emporter par elle, ou, pour mieux dire, la laisser fructifier en soi, il faut une multiplicité de points de vue et d'études, plusieurs paliers de lecture. C'est ce qui nous est offert. Une étude structurale – D. de Courcelles sait admirablement mettre en relation les ternaires qui, du plus profond de l'expérience spirituelle jusqu'aux figures de sa mise en argument, rythment, colorent, articulent la présentation de la vie dans l'œuvre ou de l'œuvre dans la vie; une étude littéraire et érudite – elle sait aller aux sources, suggérer les parallèles, noter les parentés les plus secrètes, ici avec Ghazâlî, là avec Avicenne et le récit visionnaire, là encore avec Maïmonide ou Aboulafia; une étude historique – elle détaille avec précision et sympathie la physionomie politique, culturelle, religieuse d'un monde catalan, maghrébin – espagnol aussi –, que l'on découvre aujourd'hui avec passion, un monde de la *convivance*, selon la belle expression de B. Vincent, un monde *réel*, dont le portrait n'est, pour autant, ni flatté ni noirci; une étude, enfin, que l'on voudrait dire psychologique, si le terme ne prêtait à équivoque, une étude qui, en tout cas, à serrer la pensée de Lulle jusqu'au point central où *a lieu* le dire, propose une *topique de l'invention de soi* qui montre toutes les facettes, tous les *sujets*, de l'écriture lullienne : Raymond qui, dictant le Livre de sa vie, « s'efface du lieu de sa propre écriture », mais laisse s'écrire en lui son Art en s'effaçant devant Celui qui le lui a donné; Raymond qui ne cesse de s'effacer devant le Christ, l'Art étant pour lui et en lui la redite de la Parole ou la Parole elle-même devenue lisible.

Archiviste paléographe, historienne, linguiste, traductrice, D. de Courcelles passe d'une langue à l'autre, d'un monde à l'autre ; elle refait elle-même le premier voyage de Raymond, celui qui donne sens à toute son entreprise : le voyage entre les cultures. Judaïsme, Christianisme, Islam, les trois monothéismes, les trois « Religions du Livre », sont ici en dialogue, entrelacées comme les *Trois anneaux*, mais sans concession : le dialogue des Lois n'est pas un concile d'amour ; le monde est ce qu'il est, secoué par la violence, travaillé par la mort ; les grands projets missionnaires en terre d'Islam finissent dans « les latrines de la prison des voleurs » et le héros souffrant, battu, humilié, trouve *en mer*, cinglant vers la terre chrétienne, la mort qu'il a souhaitée.

Mais telle est précisément la force du livre de D. de Courcelles : son objet ne se contemple pas tout fait, il se confond avec le processus d'écriture qui mène à lui ; c'est une trajectoire impatiente et douloureuse, un va-et-vient, un déplacement dans le *mundus imaginalis*, dans cet espace imaginaire, cet intervalle – à la sortie d'une ville, en route pour une ville, au seuil d'une forêt, dans une clairière, près d'une fontaine – où se rencontrent comme dans un commerce incessant, tous les personnages, toutes les fictions théoriques qui parcourent et habitent la prose voyageuse de Raymond Lulle. Ce voyage, qui est celui de l'illumination, a lieu aux confins de la prophétie : la rencontre avec Dame raison – l'« Intelligence agente » des philosophes arabes, de Maïmonide ou d'Aboulafia – porte la dimension politique de ce qu'il faut bien appeler un discours de la folie (le prophète – Lulle lui-même – a la place du philosophe-roi dans la politique platonicienne, un roi, certes, humilié, vaincu, battu à mort, mais que sa faiblesse réduit précisément à la seule force de la Parole). Or il y a prophétie et prophétie. Lulle n'est pas Savonarole. Sa pratique prophétique va à rebours de la violence institutionnelle, de la violence d'Église, de celle du croyant. La paix lullienne n'est pas une paix armée – la paix de la foi. Au contraire. La thèse de D. de Courcelles est que, pour Lulle, l'ultime point de vue unificateur n'est pas celui du croyant, mais celui du voyageur, c'est-à-dire celui de l'écrivain. *Le livre du gentil et des trois sages* occupe donc légitimement une place centrale dans son dispositif de lecture : le gentil personnifie l'homme confronté à la mort et privé de toute espérance ; par « son silence, son écoute, sa question », bref par sa demande, il contraint les sages à la charité de l'explication. Mais cette quête, qui est celle de tout *auteur*, demeure, se dédouble, continue sans jamais s'apaiser. La fonction du gentil dans l'économie littéraire lullienne est celle-là même que s'efforce de remplir D. de Courcelles face à l'immensité de l'œuvre lullienne et à l'élan de son projet spirituel : « construire une différence au sein de la différence » et maintenir cette différence ouverte. Le résultat est à la hauteur des efforts déployés.

Alain de LIBERA

Ce livre m'accompagne depuis plusieurs années, depuis le jour où j'ai découvert au hasard de voyages et de recherches en Catalogne l'existence du majorquin Raymond Lulle et où j'ai dû commencer à parcourir la mer Méditerranée entre Sète, Barcelone, Palma, la Sardaigne et les pays du Maghreb.

Il doit beaucoup à la fréquentation des pensées de philosophes, d'historiens et d'écrivains contemporains, nommés en note ou non : je citerai seulement ici Emmanuel Lévinas, Léo Strauss, Henry Corbin, Hannah Arendt, Jean Starobinski, Maurice Blanchot, Hans Robert Jauss.

Ses premiers chapitres ont été écrits en Caroline du Nord, à l'heure des préparatifs de guerre contre l'Irak et des remises en question théologiques et politiques des différentes communautés du Livre révélé.

Que soient particulièrement remerciés ici Jean-Jacques Thomas, directeur du Department of Romance Studies de l'Université américaine de Duke, et Yves Hersant, directeur d'études à l'Ecole des hautes Etudes en Sciences Sociales de Paris, qui ont permis et encouragé la réalisation de cet ouvrage.

OUVERTURE THÉORIQUE ET CRITIQUE

Chant de Raymond, 1299
Je suis un vieil homme, pauvre, méprisé ; je ne reçois aucune aide de l'homme bien né. Et j'ai pris la défense de trop de causes. J'ai cherché beaucoup de choses dans le monde. Maint bon exemple j'ai donné ; je suis peu connu et aimé.
Je veux mourir d'amour en mer.

Qui est Raymond Lulle ? Qui est-il celui qui devient Raymond l'illuminé, Raymond le fou ? Qui est-il ce maître de l'incertitude, pauvre et méprisé, que l'homme puissant n'aide pas, qui a donné de bons exemples, mais est peu connu et aimé, et qui, au soir de sa vie, déclare qu'il veut mourir d'amour en mer ?

De très nombreux livres ont été écrits sur Raymond Lulle ou plutôt sur son système de pensée ; des jugements ont été portés sur son orthodoxie théologique, sur son intelligence, sur son caractère. La présente étude ne se situe pas dans la lignée des études historiques et philosophiques qui visent à élucider et à définir les influences de pensée que Raymond a subies, le contexte sociologique et psychologique de sa vie, les origines linguistiques des termes qu'il emploie. Ce que je propose ici, c'est une lecture dynamique, existentielle, de quelques grands textes où Raymond parle de lui-même et révèle plusieurs convictions majeures de son existence.

Dans la mesure où tout grand texte pense au-delà de lui-même, son pouvoir-dire dépasse son dire. Il est donc le lieu d'une création particulière, d'une pensée originale qui suscitent quelque chose de nouveau. Je souscris volontiers à l'affirmation suivante :

> Cette création ne peut pas aller sans un déchirement, un éclatement de ce qui préexiste, brisure de l'horizon donné et recréation. Notre rapport véritable à un tel texte et à la pensée qui y est énoncée ne peut que viser à retrouver ce moment de déchirement créateur, cette aube différente et recommencée où, soudain, les choses revêtent un autre aspect dans un paysage inconnu.
>
> Cela implique que, pour nous, le texte du passé et la pensée qu'il contient deviennent des êtres nouveaux dans un nouvel horizon, que nous les créons comme objets de notre pensée dans un rapport autre avec leur être inépuisable[1].

Le fait que les livres abondent sur Raymond Lulle ne constitue pas un obstacle à mon entreprise, ne la rend pas vaine. Au contraire : la multiplicité des commentaires est pour moi une invitation à parler à mon tour.

Mon étude porte essentiellement sur la vie de Raymond, sur la figure dynamique de cet homme exceptionnel qui, après sa conversion, s'est situé hors de la communauté sociale à laquelle il appartenait, a quitté son pays puis y est rentré en étranger et en fou, n'a jamais appartenu à un Ordre d'Eglise et n'est pas considéré en son temps ni aujourd'hui comme un véritable théologien. Aucun théologien chrétien ne cite jamais Raymond Lulle.

Ni dissident ni hérétique, jamais condamné durant sa vie, Raymond est surtout ignoré. Homme du dehors, il est celui qui vient troubler la relation rassurante qui existe entre le modèle fixé par la culture chrétienne et les possibilités d'un individu. Ne définit-il pas pourtant la manière d'être dedans, puisqu'il est entre le lieu et le non-lieu ?

En se convertissant, en racontant l'histoire de sa vie de converti, Raymond Lulle change de nom ; il n'est plus Lulle, mais seulement Raymond et aussi le fou, l'illuminé, l'homme de Dieu, celui qui tient de Dieu son Art, c'est-à-dire ses livres. Par ce

1. Cornélius Castoriadis, *Les carrefours du labyrinthe*, Seuil, 1978, p. 21.

changement de nom, il met en place une hétérogénéité ontologique fondamentale; il pose le rapport entre son existence et l'herméneutique, le rapport entre l'homme et le texte, l'homme et le sens. A cause de l'Art qu'il tient de Dieu, Raymond écoute, écrit et lit, interprète au-delà de ce qui est écrit; toute sa vie se passe à expliciter cet Art reçu dès le commencement. Ce qu'il écrit est le lieu d'une rencontre entre le texte et soi et d'une dynamique entre l'un et l'autre. Mais il n'y a pas de soi qui serait une fois pour toutes et il y a toujours une autre parole à créer, à écrire. Raymond ne saurait être déterminé. C'est pourquoi il se situe essentiellement et existentiellement en dehors de la théologie où la vérité doit être une; il séjourne dans un mouvement d'échange, de variation, de formation, déformation, refiguration.

A partir des écrits dans lesquels Raymond livre certains événements de sa vie et ses convictions majeures, un thème domine, celui de l'altérité et de l'altération : altérité du Tout Autre bien sûr, mais aussi altérité de l'infidèle et du chrétien, et altération de soi par la conversion et par la folie. Dans la mise en chantier de la pensée, l'importance du dialogue ou de la citation des paroles est tout à fait remarquable. Raymond, lorsqu'il écrit, cite ses paroles et celles de ses adversaires directs, chrétiens ou infidèles, ce qui implique une déstabilisation incessante. Ce dialogue est le premier espace qui «désigne l'écart et la séparation comme l'origine de toute valeur positive»[1]. Cet espace d'entre-deux est politique, parce qu'il est la manifestation éclatante du refus de l'enfermement dans un dogme; il est anti-idéologique par excellence. Le dialogue ou «la discussion constitue l'essence même de la vie politique»[2].

Il est impossible de penser seul. La perspective lullienne représente un enchevêtrement infiniment compliqué de perspectives. Le sens est dans le jeu réciproque des perspectives, au croisement. Le dialogue est alors véritable et l'autre du dialogue n'est pas un effet de style. La parole de Raymond Lulle n'est pas

1. Maurice Blanchot, *L'entretien infini*, Gallimard, 1969, p. 187.
2. Hannah Arendt, *La crise de la culture*, Gallimard, Folio/Essais, p. 307.

une parole unifiante ; elle cherche la séparation, l'intervalle dans lequel l'Autre a la possibilité d'être.

Il y a dialogue entre les textes. Un texte n'est jamais seulement lui-même, représente toujours plus qu'un texte. Les écrits de Raymond Lulle que j'analyse ici ne sont pas des objets clos et finis ; ils se travaillent eux-mêmes. Il n'est donc pas question pour moi de donner une vérité cachée derrière les textes mais d'exposer comment les écrits de Raymond sont radicalement ouverts, impliquent une différence qui disloque leur propre identité, sont des événements relationnels. Chaque texte déjoue l'autre pour lui interdire de s'enfermer dans la pétrification de la pensée. Ainsi est ménagée une création de sens.

Dans ma parole de lectrice qui est parole d'interprétation, il me revient d'éveiller et de réveiller le sens, de bouleverser les fixations sémantiques. Le sens ne peut alors être fixé ni sur une doctrine dogmatique ni sur une idéologie. Ce qui est découvert, grâce à Raymond, c'est qu'il n'y a ni commencement ni fin pensables de la vérité, mais seulement la folie qui est une pensée anarchique sans commencement ni fin.

Les nombreuses analyses de l'œuvre de Raymond Lulle révèlent clairement que Raymond ne peut être ni classé ni prisonnier d'un lieu et d'une compétence. Il est philosophe, et en même temps il ne l'est pas ; il est théologien, et en même temps son discours ne peut être défini comme théologique. Il enseigne dans les universités de Montpellier et de Paris, mais il n'est docteur d'aucune université. Il demande l'habit religieux, mais il est un homme marié qui a abandonné femme et enfants et a été déchu de ses droits de chef de famille, et il ne sera jamais dominicain ni franciscain. Il souhaite le martyre, mais l'a-t-il vraiment obtenu ? Il est donc fondamentalement celui qui demeure au seuil, à qui il manque un pas. Mais l'établissement, l'enracinement dans le sens, ne serait-il pas pour lui un début de mort spirituelle ? L'identité fige le mouvement de la pensée, elle correspond à un ordre et Raymond est en dehors de tout ordre.

Penser pour Raymond, c'est interroger cet ordre, questionner ce qui l'a rendu possible. Avec Raymond adviennent l'inconnu et l'inattendu, est libre la dimension de l'étrangeté et de l'ailleurs, du voyage.

Pour Raymond, « seule une pensée qui court le risque mortel de rompre avec la totalité et la vérité peut laisser l'autre étrange déployer le tranchant redoutable de son altérité. Excéder le tout, penser en dehors de la fascination de l'unité et de la vérité, traverser le système des oppositions métaphysiques en en jouant, en le déployant, en le saccageant, instituant avec le dehors un rapport qui s'établit comme rapport, c'est peut-être le seul moyen que nous avons de sortir de la logique de l'identité »[1], logique qui ramène tout autre au même.

Raymond Lulle est le penseur de l'étrangeté. Il introduit la folie de la pensée. Par sa folie et par son humour, il fait éclater toute parole qui a l'illusion de contenir logique et vérité. Il lit les livres arabes et il a de confiants entretiens avec les rabbins. Sa pensée n'est pas canonique, c'est-à-dire définitivement acceptée, répétée, commentée et exhibée comme celle de ses contemporains Bonaventure ou Thomas d'Aquin. Il n'offre aucune réponse. Comme folie, sa pensée peut en revanche être offerte comme questions à certaines réponses. Est-ce pour cela que l'Eglise catholique l'a effacée de sa mémoire ?

La pensée folle et illuminée de Raymond désignifie le sens constitué ; elle ne propose rien de propre ou de définitif, elle est transitionnelle, elle ne sait pas à l'avance où elle va, même si elle construit un système subtil. Que veut Raymond ? Mourir d'amour en mer. C'est-à-dire renoncer définitivement à la terre ferme et aux fixations sémantiques. La folie dans ses textes dessine le mouvement d'un bondissement, ouvre l'espace d'une parole de l'intervalle, créatrice d'un nouveau sens dans l'histoire.

Par sa folie, par son étrangeté, la parole de Raymond aurait pu introduire dans la tradition de l'Eglise une puissance de rupture qui déplace et disjoint. Or l'Eglise l'a en général ignoré, même si les dominicains – les meilleurs connaisseurs de l'époque en matière d'inquisition, d'hérésie, d'islam et surtout de judaïsme (Ramon Marti et Nicolau Eymerich) – l'ont violemment attaqué et ont voulu détruire toute son œuvre. Dans la tradition de l'islam, hostile à la réflexion philosophique, Raymond a été considéré comme un homme éminemment dangereux et, de fait, ce sont les

1. Claude Levesque, *L'étrangeté du texte*, Paris, 10/18, 1978, p. 96.

musulmans qui l'ont mis à mort; la tradition rapporte que, gravement maltraité par eux, Raymond a été ramené mourant dans son île de Majorque et est mort en mer. Mais rien n'a jamais été dit des sentiments effectifs des rabbins à l'égard de Raymond.

Risquons maintenant la lecture et la compréhension de Raymond Lulle.

> Comprendre, c'est se comprendre devant le texte. Non point imposer au texte sa propre capacité finie de comprendre, mais s'exposer au texte et recevoir de lui un soi plus vaste... [1].

> Mieux vaut, en mainte circonstance, s'oublier soi-même et se laisser surprendre. En récompense, je sentirai dans l'œuvre naître un regard qui se dirige vers moi : ce regard n'est pas un reflet de mon interrogation. C'est une conscience étrangère, radicalement autre, qui me cherche, qui me fixe et qui me somme de répondre. Je me sens exposé à cette question qui vient ainsi à ma rencontre. L'œuvre m'interroge. Avant de parler pour mon compte, je dois prêter ma propre voix à cette étrange puissance qui m'interpelle; or, si docile que je sois, je risque toujours de lui préférer les musiques rassurantes que j'invente. Il n'est pas facile de garder les yeux ouverts pour accueillir le regard qui nous cherche. Sans doute n'est-ce pas seulement pour la critique, mais pour toute entreprise de connaissance qu'il faut affirmer : Regarde, afin que tu sois regardé [2].

Risquons l'invention de Raymond Lulle.

1. Paul Ricœur, *Du texte à l'action*, Seuil, 1986, p. 117.
2. Jean Starobinski, *L'œil vivant*, Paris, Gallimard, 1985 (1re éd. 1961), p. 27.

Si tu veux comprendre tout ce que ce traité renferme, de manière à ce qu'il ne t'en échappe rien, il faut combiner ses chapitres les uns avec les autres. Et en lisant un chapitre, il ne faut pas seulement avoir pour but de comprendre l'ensemble de son sujet, mais aussi de saisir chaque mot qui s'y présente dans la suite du discours, quand même ce mot ne ferait pas partie de l'intention de ce chapitre. Car, dans ce traité, il ne m'est jamais arrivé de parler comme par hasard, mais tout a été dit avec une grande exactitude et beaucoup de précision.

Maïmonide, *Le Guide des Egarés*, I, Introduction.

INTRODUCTION HISTORIQUE

LA POLITIQUE ET LA PENSÉE AU TEMPS DE RAYMOND LULLE

Raymond Lulle naît à Palma de Majorque vers 1232-1235 et meurt en 1316, après de nombreux voyages en France, en Italie, en Asie mineure et en Afrique du nord. Si le XIIIe siècle est le siècle des grandes affirmations politiques et théologiques des pouvoirs et des savoirs, il est aussi celui où l'on expérimente les limites de la conquête du monde et de la capacité de connaissance de la raison et les contraintes et contradictions apportées par ces mêmes affirmations des pouvoirs et des savoirs. L'intervention de Raymond dans l'histoire, c'est-à-dire son interprétation philosophique et mystique du monde et de la relation au divin, qui est aussi un geste politique, ne saurait être analysée sans tenir compte de plusieurs événements marquants.

Lorsque Raymond naît à Majorque, un tribunal d'Inquisition vient d'être institué dans le royaume d'Aragon. La lutte contre les hérétiques venus du Languedoc est alors la principale préoccupation des princes chrétiens du nord de la péninsule ibérique. Dès 1197, le danger de l'hérésie albigeoise et vaudoise a fait décréter par Pierre II d'Aragon des peines très sévères contre ceux que l'on appelle les « pauvres de Lyon » ; le roi, inquiet de leurs velléités sociales de réformes, décrète qu'il faut « brûler vifs les hérétiques et leurs livres » et que tous ceux qui les aideront seront coupables de crimes de lèse majesté. En 1226, Jacques le Conquérant interdit l'entrée de son royaume aux hérétiques, et c'est lui qui demande à Grégoire IX la création d'un tribunal d'Inquisition dans le royaume d'Aragon, par l'intermédiaire de son conseiller et confesseur dominicain Raymond de Penyafort. Grégoire IX concède alors à l'archevêque de Tarragone par une bulle du 7 juin 1232 le droit d'instituer l'Inquisition en Catalogne ; il l'exhorte à frapper sans pitié et à châtier les languedociens réfugiés en Aragon et à appliquer contre eux les lois établies [1]. Le pape étend ainsi à toute l'Eglise le décret impérial de Frédéric II de Souabe émis en 1224, par lequel est décidée la peine de mort pour les personnes jugées hérétiques et perturbatrices de l'ordre public ; les hérétiques jugés comme tels par l'Eglise seront remis au bras séculier pour qu'il applique la peine requise. Ainsi le pouvoir spirituel se lie durablement au pouvoir temporel ; le pape reconnaît que la menace contre l'intégrité de l'Eglise n'est pas différente de la menace contre la souveraineté d'Etat.

Lorsque Raymond est âgé d'une dizaine d'années a lieu le massacre des hérétiques d'Avignonet : 1242 est aussi l'année du pacte de Jacques le Conquérant et de Raymond VII de Toulouse. Deux ans plus tard, les derniers albigeois disparaissent dans les flammes de Montségur. Puis le comte de Toulouse meurt. Dans la cour de Jacques le Conquérant et à Majorque s'exile la pensée occitane arrachée à sa terre et à ses origines par le fanatisme politique et religieux. Jacques II de Majorque, roi par la volonté de son père Jacques le Conquérant en 1262, épouse en 1275 Esclarmonde de Foix, fille de Rotger IV de Foix (1230-1265) et Brunissenda de Cardona. Raymond Lulle, jeune, lié à Jacques II de Majorque, écrit des poèmes courtois ; appliquant peu à peu à son propre langage les règles désormais inutiles et évanouies de la littérature et de la métrique d'oc, il se prépare à créer la langue catalane.

Cependant, les dominicains prennent la responsabilité de l'Inquisition. En 1249, Innocent IV confirme au provincial des frères prêcheurs d'Espagne et à Raymond de Penyafort la faculté de nommer des inquisiteurs efficaces ; le silence le plus absolu doit être gardé à propos du nom des témoins. Peu à peu la conviction se répand dans la péninsule qu'il faut prendre une

1. Gabriel Alomar Esteve, *Cátaros y occitanos en el reino de Mallorca*, Palma de Mallorca, 1978.

position très énergique et rigide avec les personnes qui, auparavant chrétiennes, ont adopté une foi différente à la suite d'un raisonnement et donc d'une déviation. Par analogie, il ne peut y avoir d'autre traitement envers ceux qui n'ont jamais été chrétiens, mais qui exploitent l'organisation sociale et morale de la chrétienté. Or, en Espagne, depuis des siècles, les trois groupes chrétien, juif et musulman, vivent dans une atmosphère commune harmonieuse, liés entre eux, mélangés par des parentés affectives et des intérêts de toutes sortes, même si des épisodes isolés d'intolérance et de haine se sont produits ; la liberté religieuse est reconnue à tous et les rois aiment s'entourer de médecins et de notables juifs et musulmans. L'Inquisition pose avec violence le problème d'une disparité, d'une diversification, dont elle démontre abstraitement et efficacement le danger et l'impossibilité à la fois politique, sociale et théologique. Elle est donc l'élément premier du déséquilibre de la coexistence des trois groupes, en suscitant distance, observation et peur mutuelle. Il faut cependant attendre le XIVe siècle pour que la situation change rapidement ; au milieu de ce siècle ont lieu les premiers autodafés en Catalogne et à Majorque, manifestations qui cherchent, selon les déclarations de l'Eglise, à démontrer et à confirmer la puissance de l'Inquisition et la gravité des délits commis contre la foi ; on y brûle des hérétiques vivants, des cadavres exhumés et des livres ; ceux qui assistent aux autodafés reçoivent des indulgences. La fin du XIVe siècle voit se développer les massacres de juifs, cependant que l'effort antimusulman se poursuit.

Le temps de l'institution de l'Inquisition en Aragon et Catalogne, temps de la naissance de Raymond Lulle, est aussi celui où Jacques le Conquérant achève définitivement la conquête de Majorque. Le père de Raymond, issu d'une noble famille catalane de Barcelone, a accompagné le roi d'Aragon à la conquête de l'« Ile dorée » et a reçu de lui des terres en divers lieux de l'île. La victoire n'a pas été facile ; Jacques le Conquérant arrivé à Majorque en 1229 n'en devient le maître qu'en 1232. Il a déployé dans cette affaire toutes ses qualités guerrières ; son acharnement et sa foi qui lui donne la certitude du succès l'ont amené à livrer aux musulmans une lutte sans merci, alors que ces derniers étaient prêts à se rendre rapidement et à se réfugier à Tunis. La résonnance de la conquête de Majorque est grande, tant dans le monde chrétien que musulman ; l'expansion méditerranéenne de la Catalogne commence, cependant que, découragés, les musulmans de Valence capitulent peu après. La majeure partie de la péninsule ibérique appartient désormais à des princes chrétiens, mais il n'est pas question pour ces derniers d'anéantir leurs très nombreux sujets musulmans. En 1262, par décision de Jacques le Conquérant qui ne meurt qu'en 1276, Majorque devient un royaume indépendant ; son fils Jacques II est roi de Majorque, comte de Roussillon, Cerdagne et Conflent, seigneur de Montpellier. Jacques II a sa capitale à Perpignan mais séjourne très fréquemment à Majorque ou à Montpellier ; il meurt en 1311.

Constituant une partie très importante, peut-être même majoritaire, de la population des nouveaux territoires conquis à Majorque comme à Valence, les musulmans reçoivent la garantie du libre exercice de leur culte et du respect de leurs biens ; moyennant une redevance spéciale, ils bénéficient de l'égalité civile avec les chrétiens ; ils conservent leur hiérarchie et leur organisation propre, avec leurs usages et leur religion ; les documents mentionnent l'existence de nombreux esclaves musulmans [1]. Si l'on s'inquiète de les convertir au christianisme, il n'est pas question de les christianiser en masse, ce qui montre bien que l'Inquisition n'a pas complètement le pouvoir, à ce moment, de décider arbitrairement pour toutes ces existences singulières du sens de leur vie. Les descendants des califes almohades, l'ancien roi de Valence, Abou Saïd, et une partie de sa famille, un fils du dernier souverain de Majorque, un seigneur majorquin devenu dominicain, le bienheureux Miquel de Benazar, sont alors les convertis les mieux connus, car les plus notables. Mais de nombreux musulmans émigrent, tandis que d'autres restent fidèles au Coran tout en demeurant en terre chrétienne [2]. A la fin du XIIIe siècle, le 30 octobre 1299, une faveur spéciale du roi de Majorque

1. I. de La Cagigas, *Minorias etno-religiosas de la Edad Media espanola, Los Mudejares*, Madrid, 1948, I, p. 9.

2. Pour plus de détails, on se reportera à l'article de Charles-Emmanuel Dufourq : « La méditerranée et le christianisme : cadre géopolitique et économique de l'apostolat missionnaire de Ramon Llull », *Estudios Lulianos* 24 (1980), p. 5-22.

accorde à Raymond Lulle de pouvoir prêcher dans les mosquées et les synagogues du royaume[1]. Ainsi, libres ou esclaves, les musulmans sont bel et bien pris en compte dans la société catalane du XIIIe siècle et leurs droits y sont à peu près admis. Lorsque, de 1283 à 1300, une lutte farouche oppose les royaumes d'Aragon et de Majorque séparés par Jacques le Conquérant, les musulmans participent aux hostilités aux côtés des chrétiens.

C'est aussi l'époque des dernières croisades. En 1270, devant Tunis, la logique de la guerre sainte emporte le roi de France Louis IX, dans les mêmes années où Raymond Lulle qui parle arabe grâce à un esclave musulman écrit le *Livre du Gentil et des trois Sages* et donne la parole aux trois religions de la péninsule ibérique, qui, toutes trois, coexistent dans la seule île de Majorque. Entre 1259 et 1264, le dominicain Thomas d'Aquin a composé la *Summa contra Gentiles*. En 1278, le dominicain Ramon Marti, inquisiteur, écrit le violent *Pugio fidei contra Judaeos*, le «Poignard de la foi contre les juifs». Lulle a alors achevé son *Livre de Contemplation*, en arabe d'abord, comme il l'affirme, puis en catalan, puis en latin. A la logique de la croisade guerrière se substitue une autre logique, corollaire de la première, explicative du monde, faisant obstacle à toute expérience de l'altérité, à toute expérimentation du réel du monde. Raymond choisit de ne pas éviter le dialogue et ses nécessaires affrontements.

Le problème des captifs chrétiens, esclaves des musulmans, est lié à celui des relations économiques et politiques des royaumes d'Aragon et de Majorque avec l'Afrique du nord. En effet, dans toutes les terres musulmanes se trouvent des esclaves chrétiens. Pour les racheter, des Ordres religieux sont créés dans le Midi de la France et en Catalogne, à partir de la fin du XIIe siècle. En 1198, l'Ordre de la Trinité est fondé à Marseille par Félix de Valois (1127-1212) et Jean de Matha (1160-1213); en

1. Acte en date du 30 octobre 1299 de Jacques II de Majorque : «Nos enim damus per presentes firmiter in mandatis, universis et singulis aljamis judeorum et sarracenorum totius terre nostre, quod ipsi, diebus predictis sub forma predicta, audiant et audire teneantur prefatum magistrum R. Lulli» (Cité par Antoni Rubio i Lluch, *Documents per l'història de la cultura catalana mig-eval*, Barcelone, 1908, I, p.13-14.

1218 l'Ordre de la Merci est fondé à Barcelone à l'instigation du dominicain Raymond de Penyafort (1175?-1275) et du chevalier français Pierre Nolasc (1180-1264) et joue un grand rôle dans la délivrance des captifs catalans. L'Ordre de la Merci s'illustre dans la conquête de Majorque en 1229. Dans la mesure où les intérêts politiques et commerciaux de la Catalogne et de l'Aragon font que leurs relations avec l'Afrique du nord sont courantes et cordiales, sans être dépourvues d'arrière-pensées politiques et religieuses, les Ordres peuvent s'introduire dans les pays musulmans pour y accomplir leur mission.

Lors de la conquête arabe, l'Eglise romaine, le patriarchat byzantin et les théologiens islamiques avaient interdit fermement tout commerce avec les adeptes de l'autre religion. Mais par la bulle du 9 avril 1241, le pape Grégoire IX doit autoriser l'évêque de Majorque à permettre à ses diocésains de commercer avec les pays musulmans en temps de paix; il précise que les marchands majorquins peuvent vendre des vivres mais non du fer, du bois, des chevaux et des mules, trop utiles à la guerre[1]. Tandis que les royaumes du Maroc et de Tlemcen n'ont guère intéressé les souverains catalans, le royaume hafside de Tunis, qui s'étend jusqu'à la région de Constantine et est indépendant de l'empire almohade depuis 1228, est l'objet de leur sollicitude. En 1271, Jacques le Conquérant, qui n'a pas participé à la croisade du roi de France et du roi de Navarre et qui a laissé les milices catalano-aragonnaises de l'armée tunisienne combattre contre les croisés, conclut avec le souverain de Tunis qui s'est proclamé calife en 1253 le traité de Valence; ce traité est renouvelé en 1278 pour le royaume de Majorque par Jacques II de Majorque, et deux franciscains figurent parmi les signataires; les catalans reçoivent l'autorisation de s'établir dans le royaume hafside avec la protection du souverain et s'y livrent désormais sans risque à un commerce fructueux; de nombreuses chapelles des Ordres religieux sont installées à l'intérieur des comptoirs. En 1284, Roger de Lauria, amiral d'Aragon, s'empare de Djerba et de l'archipel des Kerkenna; les catalans deviennent les voisins dangereux du

1. Miralles Sbert, *Catálogo del Archivo capitular de Palma de Mallorca*, n°3414.

souverain de Tunis et leur puissance terrestre et maritime est incontestée.

Lorsqu'en 1285 Pierre le Grand, qui a succédé à Jacques le Conquérant comme roi d'Aragon, conclut avec le souverain de Tunis le traité de Panissar, il y insère des clauses qui ont une grande portée politique et religieuse : il est stipulé notamment que le culte chrétien sera libre dans le royaume hafside et que la sonnerie des cloches y sera autorisée; les catalans pourront installer leurs comptoirs dans toutes les localités; les soldats chrétiens au service du souverain tunisien depuis le milieu du XIIIe siècle auront un chef nommé par le roi d'Aragon. Désormais les religieux qui vivent en terre d'Islam ou y font des voyages savent qu'ils s'appuient sur une base chrétienne solide. Inévitablement, ils rêvent de convertir les musulmans; quelques hauts personnages tunisiens se laissent en effet séduire par le christianisme, tel un fils du calife de Tunis Abou-Ishaq 1er en 1282, ou prétendent se laisser séduire afin d'obtenir de l'argent ou des secours militaires des chrétiens, tel un autre souverain tunisien Ibn al-Lihyani, qui écrit en 1314 à Jacques II d'Aragon qu'il s'est converti secrètement, a reçu le baptême et a pris en son honneur le nom chrétien de « Jacques »[1]. Les relations de la Catalogne sont également bonnes avec le royaume dissident de Bougie, constitué vers 1284-1285; en 1302, Jacques II de Majorque obtient la création d'un consulat à Bougie pour ses sujets. Sanche 1er, roi de Majorque depuis 1311, renouvelle en 1313 le traité de paix avec Tunis. Si les musulmans se montrent accueillants et tolérants envers la communauté catalane de marchands et de soldats qui vit chez eux, en aucun cas, cependant, la prédication publique de missionnaires n'est admise dans le royaume hafside. D'une façon générale il est remarquable que le commerce entre les chrétiens et les musulmans est essentiellement réalisé par des chrétiens qui se rendent en pays musulmans; il n'y a pas ou très peu de marchands musulmans en terre chrétienne.

1. Une copie de cette lettre est conservée dans un registre de chancellerie des Archives de la Couronne d'Aragon : Registre n° 337, f.198 v. Document cité par Charles-Emmanuel Dufourq dans l'article mentionné plus haut.

Le négoce et la guerre de conquête ne sont pas les seuls facteurs contradictoires de rencontres et d'échanges entre les différents groupes. La dualité et l'ambiguïté des relations des chrétiens avec les musulmans et les juifs se manifeste également dans le domaine de la pensée par deux faits : les entreprises de traductions et les controverses religieuses. Les premières s'organisent dans un climat de collaboration et de séduction ; les secondes, en revanche, toujours passionnées, s'achèvent souvent par des persécutions. Par l'intermédiaire des traducteurs tolédans du début du XIIe siècle, la pensée musulmane et juive s'est répandue en Espagne et, de là , en Europe. Au XIIIe siècle, sur le territoire de Barcelone, en Roussillon et à Majorque, s'installent de nombreux érudits juifs et musulmans, chassés d'Espagne musulmane par l'intolérance des souverains almohades. Le rayonnement de la vie spirituelle juive est d'autant plus grand que les juifs, dispersés, ont une situation sociale précaire et que leur religion est le seul lien qui les unit ; l'école kabbalistique de Barcelone connaît son apogée entre 1270 et 1320, période durant laquelle Raymond Lulle rédige son œuvre immense. La situation des musulmans dans les pays chrétiens est toute différente ; ils représentent une force sociale et politique certaine, mais la religion ne les unit pas ; les musulmans chassés par les almohades sont en effet suspects d'hétérodoxie. La Catalogne constitue au XIIIe siècle un milieu particulièrement favorable aux disputes théologiques.

Après avoir favorisé les premières traductions en catalan de la Bible et des légendes de l'enfance et de la passion de Jésus Christ, Jacques II d'Aragon (+1327) compose lui-même à l'intention des rois un *Livre de Sagesse*[1] et ordonne les traductions systématiques en catalan et en latin des principales œuvres scientifiques et théologiques arabes ou juives. Le traducteur juif Jafuda Bonsenyor écrit pour le roi le *Livre des paroles et dits de sages et de philosophes*[2]. L'influence de l'école de Montpellier, dans le royaume de Majorque, est grande : Armengol Blasi,

1. Ed. par J.-M. Castro Calvo, Barcelone, 1946.

2. *Libre des paraules e dits de savis e filosofs*, éd. par Llabrès, Palma de Mallorca, 1889.

professeur à Montpellier, neveu d'Arnaud de Villeneuve, traduit Avicenne et Maïmonide en latin. Ainsi les textes de ces autres que sont les infidèles sont donnés à la mémoire chrétienne et deviennent la possibilité de la mémoire chrétienne. Nécessairement, les nouveaux textes ne sont pas seulement des reproductions des originaux ; la traduction conduit deux langues l'une vers l'autre dans une promesse de conciliation.

Pendant tout le XIIIe siècle, les controverses marquent la vie religieuse et spirituelle de la Catalogne ; elles ont une origine et un caractère différent suivant qu'elles concernent les juifs ou les musulmans. Les controverses avec les juifs se sont sans doute développées par imitation de ce qui se passe en France dans ce domaine. Vers 1240, Nicolas Donin, juif converti de La Rochelle, lance contre le Talmud des attaques publiques qui aboutissent à la condamnation solennelle du livre et à l'ordre royal d'en brûler les exemplaires. En 1263, à Barcelone, Jacques le Conquérant ordonne, à l'instigation de Raymond de Penyafort qui est son conseiller et son confesseur, une dispute publique contre le judaïsme. Le protagoniste est un juif converti, Cristià Pau, devenu dominicain, confronté avec le rabbin de Gérone, Moseh bar Najman ; il est mis en difficulté par son ancien correligionnaire à tel point que Jacques le Conquérant doit clore l'embarrassant débat en nommant une commission de théologiens, parmi lesquels se trouve Raymond de Penyafort, destinés à examiner les livres rabbiniques[1]. Une campagne antijuive se développe alors en Catalogne, illustrée par les écrits polémiques du dominicain Ramon Marti. Les controverses antimusulmanes ont leur origine même en Espagne. Les dominicains et les franciscains sont chargés de leur exécution, selon un type nouveau d'apologétique chrétienne, dont le modèle est la *Summa contra Gentiles* de saint Thomas d'Aquin, mentionnée plus haut, rédigée à l'instigation de Raymond de Penyafort. Déjà au siècle précédent, Pierre le Vénérable, abbé réformateur de Cluny, en visite dans les monastères d'Espagne, avait été très impressionné par la science

1. Sur la dispute de Barcelone, voir l'article de Charles Roth : « The Disputation of Barcelona (1263) », *The Harvard Theological Review* 43 (1950), p.117-144.

philosophique et théologique des juifs et des musulmans; il projetait de traduire et réfuter le Talmud et le Coran avec l'aide de juifs et de musulmans convertis; son œuvre *Adversus nefandam sectam Sarracenorum*[1] est restée inachevée, mais le Coran est traduit en latin grâce à lui[2]. Une *Vita Mahometi* est écrite et diffusée au milieu du XIIIe siècle selon une perspective chrétienne[3]. Ces controverses sont surtout philosophiques; les preuves rationnelles constituent la seule base possible de discussion, puisque les musulmans ne sauraient admettre des arguments tirés de l'Ancien et du Nouveau Testament. Paradoxalement, ces controverses organisées par le double pouvoir politique et religieux, qui devraient être des questionnements sur la vérité, se refusent à l'ouverture au monde des autres qui constitue la vérité.

La pensée latine et chrétienne, scolastique, est diffusée au XIIIe siècle en Catalogne par les Ordres mendiants et leurs écoles conventuelles, car la première université catalane, celle de Lérida, n'est créée qu'en 1300. Malgré les efforts de Jacques II d'Aragon et le prestige de la dynastie aragonnaise, Lérida ne possèdera une faculté de théologie qu'au milieu du XVe siècle. Il en est de même pour la brillante université de Montpellier fondée en 1289 par Nicolas IV et placée sous la souveraineté de Jacques II de Majorque, lui-même originaire de Montpellier.

En Catalogne, les écoles dominicaines, très importantes et influentes, sont dûes surtout à l'initiative de Raymond de Penyafort et de ses compagnons, parmi lesquels se trouve Miquel Fabra, premier lecteur de théologie de l'Ordre à Paris. Chargés de l'Inquisition, les dominicains sont aussi les maîtres de l'enseignement et des savoirs. Dès sa fondation, le couvent de Palma de Majorque dispose d'une école. Le *studium conventuale* des dominicains se trouve organisé en deux degrés : le degré supérieur ou *studium theologiae* avec enseignement de la théologie et de l'Ecri-

1. Migne, *Patrologie Latine*, 189, p.659-719.

2. Voir Marie-Thérèse d'Alverny : « Deux traductions latines du Coran au Moyen Age », *Archives d'Histoire Doctrinale et Littéraire du Moyen Age*, 1947-1948, p.69-131.

3. Miguel Serrano y Sanz : « Vida de Mahoma según un codice latino de mediados del siglo XIII », *Erudición ibero-ultra-marina*, Madrid, 1935, p. 365-396.

ture, et le degré inférieur qui se dédouble en *studium artium* avec enseignement de la grammaire, de la rhétorique et de la logique, et en *studium naturale* pour la philosophie naturelle et la philosophie morale. La plupart des couvents ne donnent que des enseignements du premier degré et le cycle complet des études – *studium solemne* – n'est organisé que dans le couvent barcelonais de Santa-Catalina. On admet que le meilleur enseignement de grammaire est donné à Gérone, le meilleur enseignement de logique à Lérida et à Palma, – ce qui n'est pas sans intérêt, puisque c'est à Palma que Raymond Lulle se forme –, celui des sciences physiques et naturelles à Valence, celui de la théologie à Barcelone, d'où l'étudiant part alors pour Paris ou Oxford afin d'obtenir le titre de *magister*[1]. Ainsi l'affirmation d'un principe de raison correspond au besoin de cohérence, de mise en ordre des savoirs.

Ces écoles dominicaines facilitent la circulation des nouvelles tendances philosophiques et théologiques à l'intérieur du christianisme. Vers 1250, la *Somme* du franciscain Alexandre de Halès est utilisée au couvent de Barcelone[2]; en 1256, le même couvent acquiert les commentaires des sentences d'Albert le Grand; on y lit aussi les commentaires du maître d'Oxford, Robert Grosseteste, et la *Summa de anima* d'Albert le Grand. Egalement sont étudiés les ouvrages de saint Jean Damascène, de saint Anselme et du Pseudo-Denys. Dans la seconde moitié du XIIIe siècle, la *Somme contre les Gentils* et la *Somme théologique* de Thomas d'Aquin font l'objet d'études attentives. Le désir de certitude et d'affirmation dogmatique fait que toute pluralité, toute conflictualité visent à être supprimées; la rupture du contact direct et personnel avec ce qui est autre et la hantise de l'hérésie risquent à terme de provoquer la perte de la capacité de penser par soi-même. Les sommes théologiques du XIIIe siècle, qu'elles soient dominicaines, franciscaines ou autres, constituent un corpus à la

1. Tomas et Joaquim Carreras i Artau, *Historia de la filosofia espanola. Filosofia cristiana de los siglos XIII al XV*, 2 vol., Madrid, 1939-1943 : t.1, p. 64-65.

2. A. Callebaut, « La Somme d'Alexandre de Halès chez les dominicains de Barcelone et de Pise vers la moitié du XIIIe siècle », *Archivum Franciscanum Historicum*, 1926, p.291-295.

fois théorique et normatif auquel chacun est tenu de croire et de se soumettre au nom de la « vérité catholique et théologique ». Si admirables soient-elles, elles tendent à se présenter comme un contenu de connaissance définitive et peuvent être utilisées pour servir de caution à une domination des consciences effaçant toute différence et toute négativité.

Les franciscains ne développent véritablement leur enseignement qu'à partir du XIVe siècle dans le couvent Saint-Nicolas de Barcelone ; ont-ils pu à Palma influencer Raymond Lulle ? Ou doit-on accepter l'hypothèse d'une influence cistercienne que Raymond Lulle aurait subie dans l'abbaye Sainte-Marie de La Real ? On sait que cette abbaye, construite au lendemain de la conquête de Majorque, protégée par le roi Jacques II de Majorque en personne en 1254, a joué un rôle important dans la conversion et dans la vie de Raymond Lulle [1].

Mal connues, les bibliothèques privées possèdent souvent des ouvrages en langue profane ou en langue juive ou arabe, ce qui n'est pas le cas, semble-t-il, des bibliothèques universitaires ou conventuelles. Le choix des livres exprime bien la faculté de penser de tel ou tel individu et ses perceptions du monde. Particulièrement exceptionnelle, la bibliothèque de Arnaud de Villeneuve (1238-1311) comporte, selon l'inventaire établi après la mort de son propriétaire, plus de deux cents manuscrits, parmi lesquels dominent les ouvrages de médecine, de philosophie, de théologie, surtout en latin, mais aussi en catalan, en arabe, en hébreu et en grec [2]. Arnaud de Villeneuve, médecin célèbre qui est aussi théologien et moraliste, propage une doctrine anti-intellectualiste et antiscolastique ; il est angoissé par la nécessité de réformer l'Eglise et par l'idée de la venue prochaine de l'Antéchrist. Mais la Sorbonne juge que ses ouvrages sur ce thème sont hérétiques et les Ordres mendiants s'acharnent contre lui. Arnaud de Villeneuve recherche alors la protection des papes Boniface VIII puis Benoît XI, qui l'estiment comme médecin mais n'atta-

1. Jocelyn N. Hillgarth, « Una biblioteca cisterciense medieval. La Real (Mallorca) », *Analecta Sacra Tarraconensia*, 1959, p. 89-191. Les documents les plus anciens ne remontent pas au-delà de 1389.

2. Joaquim Carreras i Artau, « La Llibreria d'Arnau de Vilanova », dans *Analecta Sacra Tarraconensia : Miscellania Finke*, 8 (1935), p. 63-84.

chent aucune importance à ses idées théologiques. Dans un de ses écrits, Arnaud de Villeneuve qui n'a sans doute jamais rencontré son contemporain Raymond Lulle qualifie ce dernier de « porte-étendard de la réforme spirituelle de la chrétienté »[1]. En 1309, son protecteur Jacques II d'Aragon le désavoue. Arnaud de Villeneuve meurt, isolé, en 1311[2].

Ainsi il n'y a pas au XIIIe siècle en Catalogne et à Majorque une harmonie évidente entre la politique et la pensée. Du nord au sud de la péninsule ibérique les penseurs indépendants sont pourchassés, dans la mesure où les lois et les coutumes imposent une orthodoxie politique qui est l'expression d'une orthodoxie religieuse. Simultanément, les intérêts commerciaux exigent des compromis qui ne sont pas exempts de tentatives de séduction et de coercition et où se mêlent la politique et la religion. Il est clair que si, au XIIIe siècle, la diversité des peuples et des religions est encore admise en Espagne, la recherche indépendante à l'intérieur d'une même foi ne l'est pas ; telle est bien la signification de l'institution de l'Inquisition ou de l'interdiction d'une prédication libre en terre d'Islam ; mais, à long terme, c'est toute diversité qui est refusée et la logique de l'autorité réduit toute contradiction au silence. Tandis que la pensée indépendante devient philosophie privée dans le monde juif et dans le monde musulman, en pays chrétien la philosophie est soumise à la surveillance de l'Eglise. Mais si la philosophie et la théologie doivent être le privilège d'un petit nombre, comment lier la recherche philosophique et théologique et l'enseignement populaire ? Le problème de la religion et des commandements divins et humains, c'est-à-dire le problème théologico-politique, se pose alors dans toute son âpre ambiguïté. Il y a dans ce contexte une essentielle et secrète tension entre l'activité philosophique et théologique, et la politique.

Raymond Lulle, né et formé à Majorque, homme de cour puis philosophe et théologien, mystique, écrivain passionné de dialogue avec les penseurs juifs et musulmans, a inévitablement vécu

1. Miquel Batllori, « Dos nous escrits espirituals d'Arnau de Vilanova », dans *Analecta Sacra Tarraconensia*, 28 (1955), p. 45-70.

2. Sur Arnaud de Villeneuve, voir le bel ouvrage de Francesco Santi : *Arnau de Vilanova. L'obra espiritual*, Valence, Diputació Provincial, Història i Societat 5, 1987.

cette tension dans sa chair et dans son âme avec une particulière acuité. Raymond a suscité de vives polémiques. On lui a reproché d'avoir une parole abondante et énigmatique, une parole qui parle « autrement », « follement » ou « hérétiquement ». Si les franciscains l'ont immédiatement donné à la vénération des chrétiens de Majorque, les dominicains, et en particulier l'inquisiteur Nicolau Eymerich à la fin du XIVe siècle [1], se sont montrés très méprisants et même hostiles à son égard, l'accusant d'hérésie et désirant interdire et détruire tous ses livres. En 1376, alors que Raymond est mort en 1316, le pape Grégoire XI ordonne à l'archevêque de Tarragone de faire brûler toutes les œuvres de Raymond Lulle, conservées en Catalogne ; la bulle de condamnation est promulguée à Avignon le 25 janvier 1376, mais l'archevêque tarde à exécuter les ordres du pape. En 1395, la ville de Barcelone, où se trouvent de nombreux disciples de Raymond Lulle, exprime au pape son mécontement, rappelant que c'est grâce au roi que l'Inquisition fonctionne en Catalogne et que le roi a permis la lecture des livres de philosophie et de médecine de Raymond [2].

1. Nicolau Eymerich écrit dans le *Directorium inquisitorum* (*Manuel des inquisiteurs*) ce très malveillant jugement sur Raymond : « Dominus papa Gregorius XI interdixit et condemnavit doctrinam cujusdam Raymundi Lull, catalani, mercatoris, de civitate Maioricarum oriundi, laici, phantastici, imperiti... ». Ed. à Rome, 1585, p.272 a. Raymond est défini comme « un certain marchand » et non un noble chevalier de cour, « laïc, fou et ignorant ».

2. Un mémoire des conseillers de la ville de Barcelone résume les différents points qui doivent être exposés au pape Benoît XIII sur les empêchements donnés par l'inquisiteur Nicolau Eymerich à la libre lecture et étude des livres de philosophie et de médecine de Raymond Lulle, le 27 janvier 1395. Ed. par José Maria Madurell Marimón, « La Escuela de Ramon Llull, de Barcelona : Documentos », *Estudios Lulianos* 8 (1964), p.93-95.

Mémoire sommaire de ce que Jaume Gil, compagnon du noble Joffre Boyl, doit exposer de la part de la ville de Barcelone sur les agissements du frère Nicolau Eymerich. D'abord que le Pape soit supplié de bien vouloir faire une enquête sur les incessants et abominables crimes commis par le dit frère, dans sa charge de l'inquisition comme en dehors de sa charge, et de le punir comme la justice l'exige, afin qu'un si coupable et si largement criminel homme ne reste pas impuni, comme il l'est jusqu'à aujourd'hui. Deuxièmement que le Pape soit informé que, en cette terre, la charge de l'inquisition n'a pas été obtenue ni ordonnée au bénéfice du dit frère, car, à trois reprises où il a été chassé et sorti de ce royaume en raison de ses exactions, le seigneur roi par ses lettres a prié et supplié l'autre inquisiteur, à savoir maître Bernat Ermengau pendant qu'il vivait et après lui Jacme Navaza qui lui a succédé

Martin V, le 14 mars 1419, promulgue alors une nouvelle bulle, par laquelle il affirme qu'il est tout à fait favorable à Raymond Lulle. De nombreux penseurs ont admiré Raymond Lulle et il est maintenant bien démontré que l'influence de Raymond, par sa recherche passionnée d'un savoir universel au moyen de l'art combinatoire, s'est exercée incontestablement sur Nicolas de Cues, Pic de la Mirandole, Giordano Bruno et même Leibniz [1]. Mais au XVIIe siècle, Descartes juge sévèrement Raymond, lorsqu'il écrit dans la deuxième partie du *Discours de la Méthode* à propos de la logique : « Je pris garde que, pour la logique, ses syllogismes et la plupart de ses autres instructions servent plutôt à expliquer à autrui les choses qu'on sait ou même, comme l'art de Lulle, à parler sans jugement de celles qu'on ignore, qu'à les apprendre » [2].

Ne faudrait-il pas, dans ces conditions, s'interroger sur ce qui a été la technique particulière de parole et d'écriture de Raymond Lulle, sa technique de *vir phantasticus*, d'*arabicus christianus*, comme il s'est qualifié lui-même ? Pourquoi Raymond se quali-

dans sa charge et qui est aujourd'hui inquisiteur, d'exercer sa charge librement et fermement, lui offrant toute sa faveur et son aide et lui faisant savoir qu'il ne voulait pas que le dit frère qui était homme de scandale et ennemi de lui-même et de son peuple demeurât en sa terre. Troisièmement que le Pape soit également informé que le seigneur roi en ses royaumes a donné la permission de lire les livres de philosophie et de médecine de ce docteur Raymond Lulle ; de plus, lorsque, grâce à l'enquête faite sur le dit frère, comme il est de notoriété publique, il aura vu de ses yeux qu'il a publiquement falsifié les textes des livres du dit docteur, qu'il soit supplié de ne rien ordonner contre leur lecture, mais qu'il plaise à Sa Sainteté que cette œuvre soit examinée par l'université de Paris et par les prélats de ce royaume, afin que la vérité de l'œuvre soit manifestée à Sa Sainteté qui veut la persécuter. Et que pendant ce temps rien ne soit décidé contre la dite œuvre, car, en raison de la falsification qu'elle a subie, une plus grande présomption de vérité se trouve du côté de la dite œuvre que du côté de celui qui la persécute. C'est pourquoi raisonnablement on ne doit rien innover contre cette œuvre, avant d'avoir définitivement réfuté ceux qui pourraient encore dire que ce sont des infidèles qui ont faits les dits livres de philosophie et de médecine. (Arxiu Històric de la Ciutat de Barcelona, « Conselleres », ser.I, lleg.1).

1. On se reportera ici aux nombreuses et éclairantes analyses de Frances Yates.

2. Descartes, *Discours de la Méthode*, deuxième partie, Paris, Garnier-Flammarion, p.45-46.

fie-t-il ainsi ? N'y a-t-il pas dans ses œuvres un art d'écrire adapté aux contraintes de l'intolérance, un art risqué de la parole libre ? Avec l'institution de l'Inquisition en terre chrétienne, l'art d'écrire constitue désormais et pour des siècles la condition de la liberté. Il implique que la pensée importante d'un auteur pourrait très bien n'être jamais explicitement formulée. Si l'on admet que l'activité philosophique ou théologique est une tentative d'approcher ou de parvenir à la connaissance de la vérité contre les opinions imposées et généralement reçues, l'écriture la plus convenable au philosophe ou au théologien n'est-elle pas foncièrement de l'ordre du signe ? Ne doit-elle pas s'efforcer de transmettre, non les résultats de l'enquête philosophique ou théologique, mais *l'attitude philosophique ou théologique* elle-même ? Aussi le penseur véritable sera-t-il nécessairement en « retrait » ou en « avance » par rapport aux événements de son siècle et par rapport aux opinions qui y dominent, c'est-à-dire en marge de la vie politique. Mais cette marginalité n'implique nullement un mépris du monde et des hommes. Non seulement Raymond Lulle a eu le souci du monde afin d'y préserver son existence et sa parole qui est aussi l'écriture de ses livres, mais encore il a eu le souci de perfectionner, c'est-à-dire de convertir, les autres hommes et l'organisation politique – institutionnelle, sociale, religieuse – dans laquelle ils vivaient avec lui. Raymond, en tant que philosophe, théologien et mystique chrétien, s'est trouvé tout au long de sa vie en grave danger. C'est son art d'écrire que je me propose ici d'examiner, afin de comprendre quelle attitude philosophique et plus spécifiquement théologique Raymond a voulu transmettre, secrètement : ma double hypothèse étant qu'aucun pouvoir politique ou intellectuel ne peut empêcher la pensée indépendante et l'expression de cette pensée et que les polémiques suscitées par l'œuvre de Raymond Lulle prouvent qu'un art d'écrire y fait signe.

CHAPITRE PREMIER

LA PAROLE DE RAYMOND LULLE AU RISQUE DU SAVOIR ET DE LA FOLIE

Né dans un siècle où la nécessaire ouverture politique et économique s'allie à la montée de l'intolérance, Raymond le Majorquin aurait pu se contenter d'entrer dans le monde de ses semblables et de redire en écho les prudentes et courtisanes opinions généralement acceptées par eux. Fils unique d'une noble famille catalane installée à Majorque après la conquête, il devient à quatorze ans page au service de Jacques le Conquérant à Montpellier. Il y reçoit l'éducation propre à son état social et accompagne Jacques le Conquérant dans ses voyages. Il gagne la confiance du roi qui le nomme précepteur de son fils, le futur Jacques II de Majorque. Raymond Lulle mène alors, comme il le raconte plus tard, la vie brillante et mondaine d'un homme de cour. En 1257, lorsqu'il a environ vingt cinq ans, il épouse une jeune fille noble, Blanche Picany, et en a un fils et une fille, Dominique et Madeleine. En 1262, lorsque Jacques II prend le titre de roi de Majorque, il est nommé sénéchal. Mais en 1265, Raymond Lulle se convertit et change de vie. Il occupe désormais une place tout à fait essentielle et originale aux confins de la théologie, de la philosophie, de la mystique et de la poésie, à l'image vivante de son île de Majorque sise aux confins méditerranéens du christianisme, de l'islam et du judaïsme.

Raymond Lulle a volontiers fait allusion dans ses poèmes comme dans ses traités ou ses romans à des événements précis de sa vie. Dès les années 1283-1285, dans le *Livre d'Evast et de*

Blanquerna, plus couramment désigné *Blanquerna*, qu'il écrit à Montpellier, il se dépeint sous de multiples points de vue et sous de multiples déguisements et, surtout, se donne déjà le nom transparent de «Raymond le fou», «le jongleur repentant». Cette dénomination de «fou» se retrouve dans de très nombreuses œuvres de Raymond, telles que le *Livre de Contemplation* écrit vers 1271-1273, le *Livre de l'ami et de l'aimé* (inclus dans le *Livre d'Evast et de Blanquerna* et antérieur à ce livre), le *Desconhort* de 1295, le *Cant de Ramón* de 1299, le *Liber natalis pueri parvuli Jesu Christi* et la *Disputatio Petri Clerici et Raymundi Phantastici* appelée aussi *Phantasticus* de 1311, etc. En revanche, elle n'apparaît pas en tant que telle dans la *Vita coetanea beati Raymundi Lulli*, c'est-à-dire «Vie contemporaine du bienheureux Raymond Lulle», qui est le livre de la vie de Raymond, racontée par l'intéressé lui-même lors de son dernier séjour parisien en 1311. Raymond Lulle n'a plus à cette date que quatre ou cinq ans à vivre et de nombreux livres à écrire; si le style latin de la *Vita*, bien plus soigné que celui des ouvrages qu'il écrit dans cette langue, dénote sans aucun doute une autre écriture que la sienne, il est évident que de nombreux passages, tels que le récit de sa conversion, celui de la crise physique et spirituelle de Gênes en 1293 ou les résumés de sa doctrine théologique ne peuvent venir que de Raymond lui-même.

Il est tout à fait significatif que les humanistes du XVIe siècle, proches d'Erasme, aient choisi d'éditer les livres de Raymond Lulle qui évoquent le plus directement sa folie. L'imprimeur Guiot Le Marchand, qui a publié de nombreux textes de littérature morale dans lesquels le monde apparaît comme une *stultifera navis* – une «nef des fous»[1], donne le 6 avril et le 10 avril 1499 l'édition de quelques œuvres de Lulle, parmi lesquelles figurent le *Liber natalis* et le *Phantasticus*, précédées d'une *Benignis lectoris epistola* de Jacques Lefèvre d'Etaples[2]; la rédaction de l'*Eloge de*

1. Michel Foucault mentionne cet imprimeur dans *Histoire de la folie à l'âge classique*, 2 vol., Paris, 1964 : t.1.

2. Jocelyn N. Hillgarth, dans *Ramon Lull and Lullism in fourteenth-century France*, Oxford, 1971, évoque p. 285 le lullisme de Lefèvre d'Etaples et cite le prologue de Lefèvre dans l'édition incunable de 1499. Il estime que les textes lulliens ont été manipulés par l'éditeur.

la Folie d'Erasme date de 1509. Le verset paulinien de l'épître aux Corinthiens – « Dieu a choisi la folie du monde pour confondre les sages » (Cor. I, 27) – est en effet un motif cher aux humanistes. Lefèvre d'Etaples, comme son disciple Charles de Bouvelles qui écrit une vie de Raymond[1], est alors persuadé que Raymond Lulle est un pauvre ermite simple et illettré, incapable de s'exprimer, et que la grâce qu'il a reçue l'a transformé en un modèle de « fou de Dieu », moralement très opératoire[2]. C'est leur étonnante méprise qui nous vaut assûrément la conservation de ces œuvres de Raymond.

Le *Phantasticus* ou *Disputatio Petri Clerici et Raymundi Phantastici* est un ouvrage très court, tout entier destiné à défendre la folie lullienne, le comportement « fou » de Raymond[3]. Le titre même indique bien que la folie de Raymond est, comme la cléricature de Pierre, une qualité à la fois ontologique et sociale, et le premier chapitre s'attache à définir explicitement ce que Raymond entend par la notion de *phantasia*, folie. Lulle est « fantastique », parce que son projet de vie, du point de vue de l'efficacité du monde, est un désastre absolu. Pierre, le clerc, se moque de lui et rit de ses malheurs et de ses prétentions. Raymond lui cite alors la fameuse épître aux Corinthiens de l'apôtre Paul (I, 18-31), pour qui la sagesse de Dieu est folie aux yeux du monde et la sagesse du monde folie aux yeux de Dieu. Selon lui, il y a une folie naturelle, qui est de l'ordre de la connaissance, et une folie, discrète ou indiscrète, qui est de l'ordre de la morale. Dans l'ordre de la connaissance qui peut être soit connaissance par les sentiments et l'imagination soit connaissance par l'intelligence, la

1. Charles de Bouvelles, *Commentaria in primordiale evangelium S. Joannis-Epistola in Vitam Raymundi Lulli*, Paris, Josse Bade, 1511. Voir Jocelyn Hillgarth : « Some notes on Lullian Hermits in Majorca saec. XIII-XVII », dans *Studia Monastica* 6 (1964), p.299-328.

2. Voir l'article de Armand Llinarès : « Le lullisme de Lefèvre d'Etaples et de ses amis humanistes », dans *L'humanisme français au début de la Renaissance. Actes du Colloque International de Tours*, Paris, 1973, p.127-136. A. Llinarès qualifie le *Phantasticus* de « testament spirituel » de Raymond Lulle.

3. Pour plus de détails, on peut se reporter au bel article de Lola Badia : « Estudi del *Phantasticus* de Ramon Llull », dans *Estudios Lulianos* 26 (1986), p.5-21.

folie a une place bien définie : elle n'est pas une puissance, mais elle s'apparente au *thesaurus formarum per sensum acceptarum* de saint Thomas – trésor des formes (ou idées) acceptées par le sens (ou la raison) (*Summa Theologica*, I, q.78, a.4). La folie a donc une importance décisive dans le processus d'acquisition du savoir. Dans l'ordre de la morale, selon le *Phantasticus* imprimé en 1499 :

> La folie est droite et discrète, par laquelle l'homme devient juste [1].

Ainsi la folie, en son acception positive, est capable de justifier l'homme. D'une façon générale, tout au long de son traité, Raymond donne à « fantaisie » ou « folie » un sens varié, aussi bien négatif que positif. Pierre, le clerc, qui est un archidiacre simoniaque, est accusé par Raymond, le « fantastique », de « folie indiscrète et perverse », cependant que Raymond, le fou, se déclare sage et juste de la folie « droite et discrète » de Dieu. Or, il faut bien reconnaître que c'est la dérision de Pierre, le clerc, qui a longtemps prévalu à l'égard de Raymond Lulle.

Pourquoi Raymond a-t-il donc revendiqué le nom de fou ? A quelles fins ? Pour accéder à quelle connaissance, en quelle matière, et pour pouvoir dire quoi ? Pourquoi Raymond Lulle pose-t-il au fou en terre chrétienne, mais aussi en terre d'Islam ? Pourquoi désire-t-il être autre, à la fois étranger et étrange, partout où il va ? Quelle est la fonction de la folie et du savoir dans son existence ?

1. Une copie antérieure et fragmentaire du *Phantasticus*, effectuée par le cardinal Nicolas de Cues, diffère de façon importante : « La folie est droite et discrète, quand l'homme devient juste ». Quel est le texte original de Raymond Lulle ? Il est difficile de le savoir véritablement. Pour plus de détails on peut se reporter au livre de Eusebio Colomer, *Nikolaus von Kues und Raimund Llull : Aus Handschriften der Kueser Bibliothek*, Berlin, 1961. Un résumé de ce livre est donné dans « Ramon Llull i Nicolau de Cusa. A la llum dels manuscrits lullians de la biblioteca de Cusa », *Estudios Lulianos* 4 (1960), p.129-150.

I. *De l'écriture mondaine à la parole de vérité*

> J'ai été fou du début de mes jours jusqu'à trente ans passés et c'est alors que commença en moi mémoration de votre sagesse et désir de vous louer et remémorer votre passion[1],

écrit Raymond Lulle dans le *Livre de Contemplation*, en s'adressant à Dieu. Et, plus loin, il précise :

> Pendant trente ans j'ai été en ce monde sans avoir rien fait de bon ; j'ai au contraire été nuisible à mes voisins et à mes amis[2].

La *Vie de Raymond*, qui ne donne aucune place aux événements de la jeunesse de Raymond Lulle, commence par le récit détaillé des circonstances de sa conversion et fait de son activité d'écriture poétique et courtoise l'expression même de sa vanité mondaine et de sa folie. Vivant dans un milieu épris d'une culture tragiquement évanouie, Raymond Lulle qui a le goût de l'écriture reprend dans sa propre langue catalane les principes de la littérature et de la métrique d'une langue qui a été celle de l'hérésie et qui n'est plus maintenant que celle de l'amour courtois et insensé ; ce faisant, il s'ouvre au souci de sa propre identité de poète et d'écrivain et à la dimension de son existence catalane.

> Au temps de sa jeunesse, Raymond, sénéchal à la cour du roi de Majorque, passait son temps à rimer des poèmes et de vaines chansons et s'adonnait aux plaisirs mondains. Une nuit, assis au bord de son lit, il cherchait à composer et à écrire en sa langue vulgaire une chanson à l'adresse d'une dame qu'il aimait alors follement[3].

Les mots de la langue catalane sont mis d'abord par Raymond Lulle au service de la ruse et de la folie, faisant de l'échange un mensonge et une imposture. Ce sont des mots captifs, pris dans le réseau des échanges courtois et mondains qu'ils ont à maintenir, entièrement déterminés par leur fonction sociale. Il est tout à fait

1. *Livre de Contemplation*, chap. 70, 22.
2. *Livre de Contemplation*, chap. 107, 6.
3. *Vie de Raymond*, 2.

remarquable que ce soient la composition et l'écriture en langue vulgaire d'une chanson folle qui constituent les circonstances précises de la conversion de Raymond Lulle. L'auteur de la *Vie de Raymond* poursuit son récit en ces termes :

> Il commençait à écrire cette chanson, lorsque, regardant vers sa droite, il vit le Seigneur Jésus Christ comme suspendu à la croix. Cette vision lui fit peur et, lâchant ce qu'il avait en main, il se mit au lit et chercha le sommeil. Le lendemain pourtant, il se leva et retourna à ses plaisirs habituels, sans se soucier aucunement de cette vision. Bien plus, quelque huit jours après, il se remit à écrire au même endroit et presque à la même heure, pour achever sa chanson. Le Seigneur lui apparut de nouveau sur la croix... Mais le lendemain, négligeant à nouveau l'apparition, il ne renonça pas à ses folies ; bien au contraire, il tenta peu après d'achever la chanson commencée, jusqu'à ce que, à quelques jours d'intervalle, le Seigneur lui apparût successivement une troisième et une quatrième fois, et toujours de la même manière. A la quatrième, ou même comme on le croit plutôt à la cinquième apparition, profondément terrifié, il entra dans son lit et passa toute la nuit à se demander ce que pouvaient signifier ces visions tant de fois répétées... sa conscience lui disait que ces apparitions n'avaient d'autre sens que de l'engager à renoncer immédiatement au monde et à servir désormais uniquement le Seigneur Jésus Christ... il passa cette nuit-là dans l'insomnie et dans l'angoisse»[1].

La vision du Christ crucifié arrête, bloque le mouvement de la main de Raymond qui écrit les mots corrompus et vains d'un parler social. Devant celui qui a dit de lui-même qu'il est la vérité, la vie, le chemin, la lumière du monde, parce qu'il est la parole de Dieu, Raymond, terrifié, comprend soudain qu'il y a une différence absolue entre l'ordre de la parole et celui du parler social et qu'il doit transformer la destination des mots dont il se sert ; en effet, l'ordre de la parole qui ressortit au Christ fait découvrir à l'homme sa singularité et l'ouvre au souci de son identité et à la dimension chrétienne de son humanité, tandis que l'ordre du parler social fait entrer l'individu dans l'espace de sa communauté sociale, du monde de ses semblables. La présence –

1. *Vie de Raymond*, 2-4.

et la figure – du Crucifié qui s'impose brutalement et silencieusement à Raymond préside de façon irrémédiable à l'élaboration de la parole véridique de l'écrivain, de sa parole philosophique et théologique en langue catalane. Par cette mort de son écriture au parler social, par cette fracture qui ouvre le domaine de son possible, par cette irruption du Christ dans sa vie, Raymond Lulle risque de basculer dans l'angoissante démesure. Mais l'auteur de la *Vie* prend soin d'ajouter immédiatement que Raymond s'en remet, selon l'expression de l'apôtre Jacques, au « Père des Lumières », et qu'il garde désormais les yeux fixés sur « la douceur, la patience et la miséricorde » du Christ crucifié ; il ne peut donc pas se croire arraché aux limites de sa condition humaine.

Dans son poème intitulé *Desconhort* ou *Découragement* écrit en 1295, Raymond lui-même dit bien :

> Il plut à Jésus Christ dans sa grande pitié/ De se présenter à moi, cinq fois, crucifié,/ Afin que de lui j'eusse souvenance et fusse énamouré/ Et que je fisse en sorte qu'il fût bien prêché/ Dans le monde entier (strophe II, v.13-20)[1].

Ainsi la mémoire et l'amour qui chassent l'obscurité et la terreur du cœur du pécheur sont à l'origine de l'élaboration de la parole du converti Raymond Lulle, de son effort pour comprendre son identité d'homme et donner un sens à sa vie. S'éloignant de la folie du monde, il ne veut plus être un simple acteur du jeu social mais « rendre service à Dieu ». L'auteur de la *Vie de Raymond* note :

> Il acquit alors la certitude que Dieu voulait que lui, Raymond, quittât le monde et se consacrât de son cœur tout entier au service du Christ[2].

Raymond n'a pas le choix : pour accéder à la parole qui témoigne de la présence écrasante et lumineuse du Christ, il doit

1. « Le *Desconhort* (ou le *Découragement*). Etude littéraire et historique, édition critique et traduction » par Amédée Pagès, dans *Annales du Midi*, Toulouse, 50 (1938). La traduction proposée est la mienne, établie à partir de l'édition de Ramon d'Alos-Moner, *Poesies, « Lo Desconhort »*, p.69-105, Barcelone, Ed. Barcino, « Els Nostres Clàssics », 1928.

2. *Vie de Raymond*, 4.

tout quitter pour se consacrer au service du Christ. Ainsi se définit la rupture ; les mots de Lulle sont toujours les mêmes, mais quelque chose de tout autre commence ; sa langue catalane exprime désormais le repentir et la promesse. Raymond Lulle n'existe plus que pour pouvoir parler de ce qu'il vit et qui engage tout son être. S'étant confessé « avec douleur et contrition », il forme alors un triple dessein : amener au culte et au service du Christ les sarrasins, écrire un livre qui soit le meilleur du monde, demander au pape et aux princes chrétiens de faire édifier des monastères où seraient enseignées les langues orientales afin de montrer aux infidèles dans leur propre langage la vérité de la foi chrétienne.

Trouvant la possibilité d'une parole de vérité, Raymond Lulle en mesure le prix et l'adopte comme son seul lieu et sa seule possibilité d'existence. Mais il n'est de venue au service du Christ et par conséquent à la parole de vérité que dans la transformation de la relation de l'homme avec l'homme ; Raymond est donc soucieux, d'une part d'écriture et de lisibilité, d'autre part d'enseignement et de réception, la lecture et l'écoute étant les deux modalités de communication de son époque. Dès lors, que lui importent les liens familiaux et sociaux, que lui importent telle terre et telle maison ? Aussi décide-t-il, après avoir entendu un sermon adressé aux franciscains de Palma par l'évêque, de vendre ses biens et de se vouer au service de Dieu ; mais il lui faut réserver une partie de ses biens pour subvenir aux besoins de sa femme et de ses enfants. Certains passages autobiographiques laissent entrevoir l'ampleur du drame familial de Raymond Lulle ; sur la plainte de Blanche Picany, un administrateur des biens familiaux sera nommé en 1275 ; à cette date, Raymond Lulle quittera définitivement sa maison, sa femme et ses deux enfants ; il dédiera, peu de temps après, à son fils Dominique sa *Doctrina pueril*[1] et fera figurer ses deux enfants dans son testament de 1313.

1. Le *Livre des Merveilles*, roman philosophique écrit vers 1288, est sans doute aussi dédié à Dominique. Raymond écrit : « En tristesse et langueur se trouvait un homme dans une terre étrangère... Cet homme avait un fils qu'il aimait beaucoup et qui s'appelait Félix... ».

Dès 1265, immédiatement après sa conversion, Raymond décide de quitter Majorque afin d'accomplir les pèlerinages qui lui semblent nécessaires et étudier le latin, la philosophie et la théologie. L'auteur de la *Vie* rapporte :

> S'en remettant totalement au Christ, il quitta son pays avec l'intention de ne plus jamais y revenir[1].

Ayant ainsi tragiquement et irrémédiablement rompu ses liens familiaux et sociaux avec le monde, il est raillé et méprisé par tous, considéré comme « fou ». Vers 1270-1271, dans le prologue du *Livre du Gentil et des trois Sages*, il se qualifie d'« homme coupable, misérable, pauvre, pécheur, méprisé des gens ». La certitude de l'appel que lui a adressé le Christ le fait passer de la folie des mots, du monde et du péché à la folie de la parole de vérité, de la conversion et de la solitude, et ce n'est pas sans souffrance ni conscience de son étrangeté, de sa propre altérité, qu'il s'engage dans cette voie austère. En 1295, dans le *Desconhort*, il rappelle :

> J'ai abandonné femme, enfants et biens,/ Et durant trente années je me suis trouvé en tourments et souffrances (strophe XIV, v.159-160).

Le voyage matériel est bien la première forme de la conversion à l'existence ; malgré la souffrance de la rupture, c'est sans doute la forme la plus facile, puisque Raymond se contente de changer la perspective prise sur l'espace, de changer la matérialité du visible. Mais cette facilité comporte toutes les virtualités de l'acte poétique : en effet ce que voit Raymond dans son voyage, ce sont des mondes réels, des lieux existants que les habitants ne voient plus ; sans réfléchir, il a opéré une telle transformation de son regard que le nouveau devient pour lui le réel de son existence. Ainsi arrive-t-il à effacer, à oublier certaines perceptions, certains jugements sur le monde. Tel est le nécessaire rapport entre le voyage et la folie.

1. *Vie de Raymond*, 9.

II. *L'apprentissage du langage, parole et écriture*

L'effort accompli par Raymond pour exister le dépossède de lui-même et le conduit à la découverte de la difficulté de la parole et de son insertion dans le monde. L'auteur de la *Vie* écrit :

> Il lui sembla que personne ne pouvait rendre au Christ un plus grand ni meilleur service que de donner sa vie par amour pour lui et en son honneur, et cela en allant convertir à son culte et à son service les sarrasins, dont la multitude entoure partout les chrétiens. Mais revenant à ses réflexions, il comprit qu'il n'avait pas le savoir nécessaire pour une si grande entreprise, n'ayant guère ou fort peu appris la grammaire. Il en fut consterné et se mit à pleurer sur son sort»[1].

Raymond Lulle sait immédiatement que donner sa vie pour le Christ, c'est d'abord prendre la parole, cette parole de vérité tournée vers les autres parce qu'elle est mûe par celui qui est la Parole par excellence. Mais l'accès à la prise de la parole est d'abord travail, travail de méditation et d'écriture, effort laborieux et tenace pour faire venir les mots de la langue au plus près de sa propre certitude et des trois projets qu'il a formés. Car il ne parle pas seulement pour parler mais avec l'espoir et le désir de se faire entendre de ceux «dont la multitude entoure partout les chrétiens». Exister, pour le converti Raymond Lulle, c'est d'abord pouvoir être entendu.

C'est dans les mots qui sont le bien de ceux à qui il désire s'adresser qu'il s'efforce de parler; leur appartenance commune est le gage d'une compréhension. Sollicité et converti par la présence du Christ crucifié, Raymond est désormais capable de concevoir l'interpellation des autres mais il n'a pas encore la possibilité de se faire entendre personnellement. D'où sa tristesse et ses larmes, car son ignorance est complète et il doit faire avant tout l'apprentissage du langage, parole et écriture. Ainsi, dès sa conversion, Raymond comprend que, pour lui, la pointe extrême de l'épreuve, par-delà l'échec et la souffrance, consistera toujours dans l'impossibilité de trouver une écoute attentive, dans le

1. *Vie de Raymond*, 5.

délaissement au milieu du monde. Mais, à ce moment là , il n'envisage pas encore d'apprendre l'arabe mais seulement d'approfondir la « grammaire », c'est-à-dire d'apprendre à parler et à écrire en latin qui est la langue de la philosophie et de la théologie, et d'organiser la formation de missionnaires en langues orientales. L'auteur de la *Vie de Raymond* rapporte :

> Il prépara un voyage à Paris afin d'aller apprendre la grammaire et toute autre science utile à son dessein. Mais les conseils de ses parents et de ses amis l'en dissuadèrent, et plus qu'eux tous frère Raymond, de l'Ordre des Prêcheurs, celui qui avait autrefois compilé les décrétales du seigneur pape Grégoire IX [1]. Ils obtinrent de le faire revenir à sa ville de Majorque [2].

Ainsi Raymond le fou, obéissant et fort de sa certitude, rentre à Majorque. La rencontre de Raymond de Penyafort à Barcelone, peu après 1265, est pour lui décisive ; il n'ira pas à Paris, il rentrera à Majorque et apprendra l'arabe, en plus du latin. Il ne sera donc pas un scolastique de plus, selon le style parisien, mais un penseur original. Ainsi c'est le dominicain Raymond de Penyafort, conseiller des papes et des rois d'Aragon et de Majorque en matière d'Inquisition, maître écouté de saint Thomas d'Aquin à qui il recommande d'écrire la *Somme contre les Gentils*, qui a mis lui-même à l'épreuve du savoir la « folie » de Raymond Lulle, son désir irrésistible de partir et d'être autre, en lui ouvrant un espace philosophique et théologique inexploré et imprévu au carrefour des pensées et des cultures, dans sa propre île de Majorque. Commence alors pour Raymond une longue et patiente période d'études.

Quelles que soient les raisons exactes qui ont poussé Raymond à quitter Majorque, le fait que finalement il rentre à Majorque et y entreprenne la quête du savoir montre bien que voyager consiste désormais pour lui à retourner aux choses mêmes, à sortir de la banalité quotidienne où les choses et les êtres ne

1. L'allusion est claire : il s'agit de Raymond de Penyafort (1175 ?-1275), qui séjourne à Barcelone de 1260 à 1269. Grégoire IX a été pape de 1227 à 1241.

2. *Vie de Raymond*, 9-10.

parlent plus, à trouver par l'acquisition du savoir la possibilité d'un autre regard et d'un autre langage sur Dieu et sur le monde. Le voyage, l'aveu d'un non savoir et la mise en langage constituent désormais les trois termes de l'existence de Raymond Lulle.

Dès lors, l'intention de Raymond, l'ami et le fou de Dieu, n'est autre que de parvenir à l'adoration et au service du Christ en acceptant la mise en langage et en livre de la manifestation sensible de Dieu et le principe d'un cheminement logique de la pensée[1]. C'est pourquoi il étudie patiemment. Il sait que la fragilité du lien avec le Christ ou avec l'aimé est si grande que la lucidité raisonnable oblige à l'éprouver constamment ; la force du désir risque d'atténuer ou d'anéantir la nécessaire clairvoyance et donc de faire oublier l'aimé. C'est l'équilibre intellectuel qui porte l'amour et empêche l'oubli. D'où l'importance de la fabrication par l'ami dans le *Livre de l'ami et de l'aimé* d'un « lit de pensées », image de l'apprentissage intellectuel et des livres de Raymond Lulle, joint à ses soupirs et à ses pleurs.

> Vint l'aimé se loger dans l'auberge de son ami, et son ami lui fit un lit de pensées, et des soupirs et des pleurs le servirent. Et l'aimé paya l'hébergement avec ses souvenances[2].

L'auteur de la *Vie de Raymond* rapporte seulement que Raymond étudia « un peu la grammaire », c'est-à-dire le latin, et apprit d'un sarrasin « la langue arabe ». Et cela dans sa propre ville. Ainsi est-il sous le régime de l'appartenance au monde où il est né et où il a passé les années folles de sa vie. Mais, également, il se trouve en situation de rupture avec ce monde pour deux raisons qui tiennent au langage : d'une part, surgit de lui-même une prose en langue catalane capable d'exprimer aussi bien la plus

1. Louis Sala-Molins, dans « Mystique byzantine et mystique lullienne : Raymond Lulle et Grégoire Palamas », *Estudios Lulianos* 7 (1963), p. 53-74, estime que la convergence entre Raymond et Byzance est frappante « en ce qui concerne le binôme *scientia-amantia* (Lulle) et le double sens du mot contemplation dans la tradition monastique byzantine (contemplation-théologie) ». La *scientia* ou connaissance a un grand rôle dans la contemplation ; le dialogue est à la base et au sommet de l'ascension spirituelle ; la doctrine du dynamisme essentiel à la nature divine est d'une grande importance.

2. Le *Livre de l'ami et de l'aimé*, verset 230.

haute poésie que les raisonnements philosophiques et théologiques les plus difficiles, toujours d'une très haute qualité littéraire et d'une richesse étonnante, alors que les autres écrivains catalans de son époque utilisent une langue catalane pleine de provençalismes – et l'auteur de sa *Vie* ne dit rien sur ce point ; d'autre part, l'étude prolongée pendant neuf ans de l'arabe avec l'aide d'un esclave musulman lui permet de parler et d'écrire cette langue, qui n'est pas celle de sa communauté chrétienne d'origine.

A plusieurs reprises, Raymond demande aux lecteurs de ses livres de lui pardonner son « ignorance de la grammaire », le latin. Et l'on sait que pour les versions latines de ses œuvres il se fait parfois aider de disciples, tel le franciscain Simon de Puigcerda. Cependant, il ne faut pas conclure trop vite qu'il n'est pas à l'aise dans cette langue dans laquelle il enseigne à Paris et sans doute aussi à Montpellier, comme le rapporte sa *Vie*, et dans laquelle nous sont parvenus davantage de textes qu'en catalan, tandis qu'aucun écrit de Lulle en langue arabe n'est conservé. Mais il reste que son latin, surtout dans les livres les plus abstraits de l'*Art*, ne constitue en aucune façon un exemple littéraire. Raymond Lulle ne dominera jamais véritablement le latin, langue de l'Eglise, langue de la scolastique, langue de l'Inquisition, langue du dominicain Raymond de Penyafort. Au XVIe siècle, Lefèvre d'Etaples se moque du latin de Raymond Lulle.

En revanche, c'est grâce à Raymond que, pour la première fois, la langue vulgaire tient une place importante dans une œuvre spéculative. Non content d'ébaucher ainsi la théorie d'un enseignement en langue vulgaire, Raymond affirme qu'il attache une importance considérable à l'étude des langues orientales. Mais le travail de création d'un instrument littéraire et artistique, il paraît l'avoir accompli malgré lui, car, après sa conversion, il désavoue et condamne fermement les troubadours et « jongleurs » mondains qui composent des chansons vaines et luxurieuses. Aussi est-il compréhensible que l'auteur de sa *Vie* ne fasse pas état de cet aspect de son œuvre. Raymond estime dans le *Livre de Contemplation* que

> ...l'office de jonglerie ne doit servir qu'à louer et bénir le Seigneur et donner soulagement et consolation à ceux qui sont angoissés et tourmentés pour le servir[1].

Son immense œuvre écrite n'a, dit-il, qu'un but : convaincre les juifs et surtout les musulmans de la vérité chrétienne, convaincre aussi les chrétiens de la nécessité d'amener les infidèles au salut. Il n'en demeure pas moins que la langue catalane de Raymond Lulle est d'une perfection remarquable, aussi bien quant à la précision du lexique que quant à la syntaxe. Il a réussi un mariage efficace entre le vocabulaire abstrait, propre au langage philosophique, et le vocabulaire concret de la vie quotidienne. Il est confronté en effet à une double exigence : la nécessité d'inventer un lexique cultivé, pour les besoins de la science philosophique et théologique, et celle de ne pas trop s'éloigner du langage courant, pour que sa parole puisse attirer les «hommes du monde». Plusieurs procédés linguistiques qu'il emploie sont empruntés au latin et surtout à l'arabe ; l'abondante floraison des suffixes, ainsi que la création de tout un système de corrélations linguistiques, qui servent à dynamiser la doctrine des dignités divines, base de sa théologie, sont rattachées par lui explicitement à la linguistique arabe «afin, dit-il, que nous apprenions à répondre aux objections des infidèles». Il y a ici une allusion claire à la morphologie des langues sémitiques, de l'arabe en particulier, qui consiste à faire dériver les formes nominales et verbales d'une racine consonnantique, normalement trilittère. Les procédés littéraires qu'il utilise sont souvent conventionnels, mais ce sont les «armes du monde» ; la littérature est pour lui art de convaincre, non de divertir, et la beauté d'un texte est le reflet de sa valeur signifiante. Il écrit dans l'*Ars generalis ultima*[2] :

> L'écrivain n'a une belle écriture que par la signification des mots qu'il emploie.

Tandis qu'il se garde bien de faire la moindre allusion à son patient et long travail d'élaboration littéraire d'une philosophie et d'une théologie en langue catalane, Raymond Lulle se plaît à

1. *Livre de Contemplation*, chap. 115.
2. *Ars generalis ultima*, chap. 100.

souligner sa connaissance de la langue arabe qui répond au souhait exprimé pour lui par Raymond de Penyafort. A plusieurs reprises dans son œuvre, il déclare avoir rédigé à partir d'une version arabe plusieurs de ses grands ouvrages et plus particulièrement deux, qui sont les premiers livres qu'il a écrits après sa conversion : le *Livre du Gentil et des trois Sages*, vers 1270-1271, et l'immense *Livre de Contemplation* en 366 chapitres, vers 1271-1273. Le *Livre du Gentil et des trois Sages* est écrit « à la manière du livre arabe du Gentil ». Dans le *Livre de Contemplation*, Raymond Lulle note au cent vingt cinquième chapitre :

> Seigneur, puisque vous m'avez fait la grâce que je comprenne la langue arabe...

et l'*explicit* du livre indique clairement :

> Est achevée et terminée cette traduction du *Livre de Contemplation* d'arabe en roman.

Or le *Livre de Contemplation* est une œuvre fondamentale, annonce et source à la fois de tout ce que Raymond Lulle écrira plus tard, et le *Livre du Gentil et des trois Sages*, sous une forme plus facile, est tout aussi important. On peut alors se demander dans quelle mesure cette indication d'un original arabe ne sert pas à désigner l'importance de l'ouvrage ; il est peu probable en effet, surtout en ce qui concerne le *Livre de Contemplation*, que Raymond Lulle ait pu rédiger si vite et deux fois, en arabe et en catalan, un tel livre. Ces remarques ne contredisent pas le fait que Raymond a certainement par la suite écrit plusieurs livres ou livrets en arabe. Plus tard, à propos du *Livre de l'ami et de l'aimé*, Raymond Lulle prouve qu'il connaît bien les méthodes discursives des maîtres de l'islam ; son livre est fait, explique-t-il, à la manière des « hommes religieux qui ont nom soufis », lesquels

> ont des paroles d'amour et des exemples abrégés qui donnent à l'homme grande dévotion[1].

Il s'inspire également de thèmes islamiques pour écrire *Les cent noms de Dieu* et il utilise maintes fois le Coran. En changeant

1. *Blanquerna*, chap. 99.

ainsi de langue pour se faire entendre des autres, en trouvant la possibilité d'un autre regard et d'un autre langage sur Dieu et le monde, Raymond ne risque-t-il pas de changer de perception du monde et de sortir du modèle de texte reconnu par l'Eglise?

III. *A l'épreuve de la «vérité catholique et théologique»*

Retraçant à la fin de sa vie ses itinéraires pour l'écrivain de sa *Vita coetanea*, Raymond Lulle ne dit pas quel fut son cheminement intellectuel. Prodigue en détails lorsqu'il traite de ce qu'il considère comme les péripéties marquantes de sa vie, il ne dit jamais d'où il tient ses convictions et ses méthodes. Mais de quelles convictions et de quelles méthodes s'agit-il? Les historiens sont partagés sur ces questions. La seule réponse de Raymond Lulle consiste à affirmer que Dieu lui fit cadeau de son Art, certain soir, sur une montagne de Majorque. Mais où s'initie-t-il aux méthodes philosophiques? Où trouve-t-il des livres dans l'île fraîchement prise aux musulmans? Où apprend-il à écrire et à parler? Chez les dominicains et les franciscains des couvents nouvellement fondés? Dans l'abbaye cistercienne de La Real [1]? A Montpellier? Aucune réponse précise ne peut être donnée à ces questions [2]. Il faut donc écouter la parole de Raymond Lulle, entendre dans son écriture d'autres échos, s'attacher à percevoir le mouvement par lequel Raymond est advenu secrètement mais sûrement à lui-même.

Quels sont les liens de Raymond Lulle avec les grands courants de la théologie scolastique de son temps? La scolastique n'a alors rien d'une école fermée, étroite. Les chrétiens ne cessent de se référer aux pensées des musulmans et des juifs, et on ne peut comprendre Thomas d'Aquin ou Duns Scot sans connaître aussi

1. En ce qui concerne l'influence cistercienne sur Raymond Lulle, Gabriel Seguí Vidal est l'auteur de deux articles très détaillés qui se font suite : «La influencia cisterciense en el beato Ramón Llull», dans *Estudios Lulianos* 1 (1957), p.351-370, et dans *Estudios Lulianos* 2 (1958), p.245-272. Il ne donne aucune conclusion décisive.

2. Pour plus de détails, on se reportera à l'article de Jocelyn N. Hillgarth : «La biblioteca de La Real : fuentes posibles de Llull», dans *Estudios Lulianos* 7 (1963), p.5-17.

Avicenne ou Maïmonide. L'aristotélisme est un puissant facteur de communication des peuples et des cultures. La nécessité de la connaissance des langues orientales pour lire les textes ou parler avec les hommes ne frappe pas seulement le majorquin Raymond Lulle. Le franciscain d'Oxford, Roger Bacon (1214-1292), grand admirateur d'Avicenne, exprime le même souci. A la même époque, un autre franciscain, Bonaventure (1221 – 1274), réalise une synthèse originale qui prend en compte le problème anselmien de l'intelligence et le problème bernardien de l'amour, hérités du XIIe siècle.

Dans la spéculation du XIIIe siècle qui entend autoriser les « raisons nécessaires » des vérités de foi, le problème de la place de l'autre, et en particulier de l'autre qui est l'infidèle, est une question difficile. Aussi a-t-on recours volontiers à Anselme, abbé du Bec, auteur du XIIe siècle. Pour Anselme, c'est en effet une question centrale : l'infidèle est un personnage auquel il ne s'adresse pas directement mais dont il ne peut se passer. Il n'y a pas d'homme hors de toute révélation, accueillie ou repoussée. L'incroyance s'insère dans la *fides quaerens intellectum.* Ayant défini le Dieu de la foi, ayant accédé à la parole de vérité, le chercheur trouve son existence mise en question par la négation de l'« insensé » ; la négation devient alors un moment de sa dialectique. Mais Raymond Lulle voit mal les limites de la raison appliquée à la foi, limites déjà signalées par Anselme et mises en évidence par Thomas d'Aquin ; d'où l'ambition originale de son *Art* et l'extrême systématisation de sa logique.

Si l'auteur de la *Vie de Raymond* ne fait aucune allusion à la formation philosophique et théologique de son héros, Raymond lui-même dans ses livres ne cite pratiquement jamais les ouvrages qu'il a lus. En général, il renvoie à la Bible ou au Coran. Dans la *Doctrina pueril*, de façon tout à fait unique, il conseille à son fils la lecture des œuvres d'Aristote dont il dresse une liste sommaire [1]. Ailleurs, c'est au détour d'une phrase qu'il lui arrive de mentionner Anselme et Richard de Saint-Victor, Thomas d'Aquin et Gilles de Rome. Il consacre un opuscule au livre des *Sentences*

1. *Doctrina pueril*, chap. 77. Egalement dans le *Livre de Contemplation*, chap. 331, 31.

de Pierre Lombard. Il défend parfois ses positions avec le *De Trinitate* d'Augustin, la *Summa contra Gentiles* de Thomas d'Aquin et d'une façon générale avec les Pères de l'Eglise. Son premier grand livre, le *Livre de Contemplation*, pourrait bien être un effort d'unification vers une science unique, dont les grands maîtres sont aussi bien Augustin, Anselme, Richard de Saint-Victor, Bonaventure, Ghazâlî, Avicenne, que Denys, Abélard, Jean Scot Erigène et d'autres. Ainsi Raymond échappe subrepticement à toute influence dogmatique et à toute contrainte intellectuelle et spirituelle de tel ou tel grand courant de la scolastique de son temps, tout en « suivant la vérité catholique et théologique », comme prend bien soin de le souligner l'auteur de sa *Vie*.

Dépourvu d'outrances philosophiques ou théologiques, sans originalité dogmatique ou spirituelle, sans prétention sociale ou politique et, surtout, sans disciples nombreux ni reconnus, Raymond Lulle ne saurait attirer l'attention de la redoutable Inquisition. Bien qu'il soit convaincu du pouvoir de l'entendement qui lui sert à prouver beaucoup de choses : la création, la résurrection, l'incarnation, la Trinité divine, Raymond parle aussi avec une très nette insistance et une très grande rigueur de la limitation naturelle de l'entendement humain qui est *fenit et termenat*, « fini et limité ». A la fin de chaque traité, il affirme qu'il se soumet aux corrections de l'Eglise, lui, l'« illuminé », qui tient de Dieu son Art.

La rencontre de l'altérité constitue en effet la part très ordinaire du majorquin Raymond Lulle, voué par son insularité même à cette rencontre. Par sa conversion au cours de laquelle le Christ lui donne de prendre la parole de vérité, il choisit de mettre sa propre existence en présence constante de ceux qu'elle n'est pas, les autres devant qui et à qui il veut et doit adresser cette parole ; ces autres, ce sont d'abord ceux de sa propre communauté chrétienne, avec qui il croit avoir la majeure familiarité, tant il est vrai que le plus familier est souvent le plus inquiétant. La relation aux autres, d'abord chrétiens, et ensuite seulement juifs et musulmans, demeure pour lui source d'inquiétude et génératrice de peur. Il sait que, s'il perd la maîtrise de sa situation, il sera contraint sans recours possible à la passivité.

Lorsqu'en 1275, au terme d'un long apprentissage de la langue et de l'écriture, Raymond Lulle soumet ses premiers livres à l'examen des hommes d'Eglise – des religieux franciscains –, à la demande du pouvoir temporel – le roi de Majorque –, il sait qu'il suffit que ces autres qui vont le juger ne répondent pas à l'attente de son existence qui est tendue vers eux pour qu'il soit définitivement contraint au silence, avant même d'avoir commencé à parler. Faible et fragile, il est donc sans eux dans l'impossibilité de prendre la parole dont il est désormais capable. L'auteur de la *Vie de Raymond* rapporte :

> Quelques temps après, le roi de Majorque, ayant appris qu'il avait composé de bons livres, invita Raymond à venir le voir à Montpellier où il séjournait alors. Lorsque Raymond fut arrivé, le roi fit examiner ses ouvrages par un frère mineur, et en particulier, les méditations pour tous les jours de l'année qu'il avait composées en assignant pour chaque jour trente paragraphes spéciaux [1]. Le bon frère constata non sans admiration que ces méditations étaient remplies d'enseignement et de la véritable dévotion catholique [2].

L'auteur de la *Vie* prend bien soin de noter que le frère chargé de juger les livres de Raymond – le frère mineur Bertrand Berenguer, maître en théologie de la tendance spirituelle – en considéra le contenu « avec admiration », ce qui va bien au-delà d'un simple jugement d'orthodoxie et suppose la reconnaissance respectueuse de l'écrivain chrétien Raymond Lulle. Ainsi s'ouvre pour Raymond la possibilité d'être entendu dans sa parole et d'être considéré dans la singularité de son altérité chrétienne. Dès lors, une fois que cette dépendance est reconnue comme essentielle et une fois que l'épreuve de la peur est surmontée, sans pour autant sous-estimer la part de violence du lieu et du temps dans lequel il s'insère, Raymond ose manifester sa parole et s'occuper d'accomplir le triple dessein de son existence. L'auteur de la *Vie*

1. Il s'agit du *Llibre de Contemplació en Déu* (ou *Livre de Contemplation*), composé de 366 chapitres qui sont divisés chacun en trente paragraphes. Véritable sommet de la philosophie, de la théologie et de la mystique de Raymond Lulle, c'est aussi le premier grand traité en prose de ce type écrit en langue vulgaire.

2. *Vie de Raymond*, 16.

de Raymond rapporte en effet qu'après l'approbation de ses écrits,

> ... à la même époque, Raymond obtint du roi qu'un monastère fût construit dans son royaume et pourvu de possessions suffisantes. Treize frères mineurs y furent installés en vue d'apprendre l'arabe pour aller convertir les infidèles, selon le plan que Raymond avait imaginé. Des possessions concédées, ils recevraient à perpétuité, eux et leurs successeurs, cinq cents florins par an pour subvenir à leurs besoins[1].

Ainsi dans le respect accordé à Raymond Lulle, à sa parole, à sa personne, un accord naît entre lui-même et ceux qui l'ont jugé. Raymond Lulle a enfin l'assurance que ce qu'il fait n'est pas rien, que ses paroles ne sont pas vaines et que lui-même existe. Avec audace, il va trouver le roi et obtient de lui la création du collège de Miramar, entre Valldemossa et Deia. Et ce collège est destiné à accueillir des frères mineurs, ceux-là mêmes qui ont jugé ses livres ; l'audace de Lulle consiste ici à placer son projet dans un espace de relations sociales, de parler social, où la proximité de l'autre, les hommes d'Eglise qui l'ont jugé et le jugent, ne cesse de relancer sa propre peur. Mais c'est aussi une façon pour lui d'exister constamment devant cet autre, puisque jamais durant sa vie il ne sera accusé d'hérésie. Le pape Jean XXI approuve la constitution de Miramar en 1276 par une bulle ; il est probable que Raymond Lulle, pendant quelques années, après 1275-1276, dirige personnellement Miramar, faisant alterner la vie contemplative avec l'étude et la rédaction d'œuvres, jusqu'en 1282 au moins[2].

IV. *La double « traduction » de la Logique de Abû Hâmid Ghazâlî, dit Al Ghazâlî*

La *Vie de Raymond*, qui mentionne seulement les principaux livres philosophiques et théologiques de son Art – sans doute ceux

1. *Vie de Raymond*, 17.
2. Après le départ de Raymond Lulle, Miramar périclite et, le 19 mars 1301, Jacques II de Majorque en fait donation aux cisterciens de La Real avec obligation pour eux de l'habiter et d'y célébrer une messe chaque jour.

que le maître en 1311 considère alors comme l'essentiel de sa recherche et de sa doctrine –, ne rappelle pas que, ayant effectué peut-être un premier voyage à Bougie et à Tunis, vers 1276-1282, Raymond «traduit» la *Logique* de Abû Hâmid Ghazâlî, d'arabe en latin, puis de latin en vers catalans, comme il l'explique lui-même. C'est là , semble-t-il, la seule «traduction» qu'il ait jamais rédigée d'un ouvrage d'un penseur arabe célèbre. Or, une traduction partielle de ce livre, originellement appelé par son auteur *Les intentions des philosophes*, est donnée dès 1145 à Tolède par Dominique Gundissalvo[1]. Divisée en trois parties – logique, métaphysique et physique –, privée de l'exorde et de la conclusion dans lesquels Ghazâlî déclarait son propos (exposer la doctrine des philosophes pour mieux la réfuter), cette traduction a pour titre *Logica et philosophia Algazelis Arabis* et fait passer Ghazâlî en Occident pour un philosophe collègue de philosophes célèbres comme Fârâbî et Avicenne, alors qu'il est convaincu que la démonstration philosophique ne démontre rien[2].

Aussi la question suivante se pose : Raymond Lulle a-t-il connu le texte véritable de Ghazâlî ou a-t-il utilisé la traduction latine de 1145 ? C'est ce qu'il est difficile d'établir. Ce qui est certain en revanche, c'est que cette double traduction latine et catalane prouve la familière sympathie de Raymond pour Ghazâlî et lui vaut une bonne renommée dans les milieux intellectuels de la chrétienté. Raymond affirme ainsi son savoir de la langue et de la pensée arabe, à une époque où la scolastique chrétienne est très attentive aux écrivains de l'Orient. Mais la signification de cette double traduction est plus complexe qu'il n'y paraît au premier abord, dans la mesure où il ne s'agit pas d'une traduction véritable. Or, on ne lui a guère prêté attention, si ce n'est pour confirmer *a priori* la connaissance lullienne de l'arabe, alors qu'il n'est pas exclu que Raymond ait pu se contenter de faire une adaptation de la traduction tolédane.

1. Dominique Gundissalvo est le fondateur de l'école de traducteurs de Tolède. Voir à son sujet : R. Menéndez Pidal, *España eslabón de la Cristiandad y el Islam*, Madrid, 1956, p.38.

2. Henry Corbin, *Histoire de la philosophie islamique*, Paris, Gallimard, 1986, p.254.

D'abord, la comparaison des versions latine et catalane données par Raymond montre que l'ordre des questions traitées n'est pas tout à fait le même dans les deux cas ; ainsi les questions métaphysiques et théologiques qui figurent à la fin de la version latine se trouvent vers le milieu de la version catalane. Mais, surtout, la confrontation du texte catalan de Lulle avec le texte de Ghazâlî[1] montre que Lulle a composé son ouvrage d'une manière tout à fait originale ; de plus, le terme de « logique » –*Logica del Gatzel* – qu'il choisit pour l'intituler est impropre, car il ne se contente pas de traiter de questions logiques.

Près de cinq cents vers concernent des questions théologiques et métaphysiques ; certaines figurent dans le traité de Ghazâlî, d'autres n'ont rien à voir avec lui, telle la traduction du *credo ut intelligam* de saint Anselme :

> Si tu veux entendre le vrai,/ Tu auras besoin d'entendre la foi (vers 650-651).

Dans un autre passage de son livre, sous le nom de démonstration, Lulle décrit trois degrés de connaissance qui produisent trois degrés de certitude ; sa théorie n'est pas sans rappeler celle de saint Bonaventure (1221-1274) sur la triple connaissance par les vestiges, par l'image et par la science infuse (vers 709-771)[2]. Egalement, Raymond Lulle soutient la thèse de la création du monde *ex nihilo* par Dieu et réfute la thèse contraire, soutenue par Ghazâlî, de l'éternité du monde. Enfin, il présente en termes simples la doctrine de la première et de la seconde intention, qui est un des principes fondamentaux de sa philosophie :

> La première intention, à Dieu/ Donne-la, si tu veux être à lui ;/ La seconde intention consiste/ A aimer quelque chose après Dieu (vers 1053-1056).

1. Je me fonde ici sur les remarques formulées par Armand Llinares dans le livre de sa thèse de Doctorat d'Etat : *Raymond Lulle, philosophe de l'action*, Grenoble, 1963, p.193.

2- Voir saint Bonaventure : *Itinerarium mentis in Deum*, texte de Quaracchi, introduction, traduction et notes par Henry Duméry, Paris, Vrin, 1986 (6ème édition).

Ainsi il substitue l'amour à la connaissance, de la même façon qu'il subordonne la logique à la théologie. Lulle déteste l'art formel, si thomiste, de la dispute ; la logique pour lui est purement instrumentale. Il écrit :

> De logique nous parlons très brièvement,/ Car nous devons parler de Dieu (vers 1065-1066).

Déjà apparaît son souci de la lisibilité de son *Art* par le plus grand nombre. C'est pourquoi sa « traduction » est faite :

> En rimes et en mots simples/ De façon qu'on puisse montrer/ La logique et la manière de philosopher/ A ceux qui ne savent ni le latin/ Ni l'arabe... (vers 6-10).

Le fait que la double « traduction » de Ghazâlî par Raymond Lulle soit inadéquate au texte original prouve que l'enjeu de cette traduction n'est pas seulement d'ordre spéculatif. Ce qui est en effet beaucoup plus important, c'est que, même si Raymond se garde bien de dire explicitement ses affinités avec Ghazâlî, il est manifeste que la vie de ce penseur du XIIe siècle présente avec la sienne propre, au moment où il écrit, quelques similitudes tout à fait frappantes. Abû Hâmid Ghazâlî, qui vit entre 1059 et 1111, est confié par son père à la tutelle d'un sage soufi ; en 1095, à la suite d'une illumination personnelle, il abandonne l'université de Baghdad et sa famille, sacrifiant tout à l'expérience de la certitude intellectuelle, qui selon lui est garante de la vérité. Pendant dix ans, considéré comme fou par ses proches, revêtu de l'habit des soufis, il pèlerine solitaire à travers le monde musulman ; il se rend à Damas, Jérusalem, Alexandrie, Le Caire, La Mekke et Médine. Il consacre tout son temps et toutes ses forces à la méditation et aux pratiques spirituelles des soufis et écrit de nombreux ouvrages. Puis, ayant éprouvé la certitude et accompli ainsi le projet de sa vie, il revient dans son pays natal, enseigne encore quelques années et meurt en 1111. Ghazâlî a affronté dans toute son ampleur le problème de la connaissance, de la certitude et du voyage ; sa recherche est pathétique en raison du tourment dans lequel elle jette sa vie ; il a confiance dans la logique rationnelle pour arriver au but de toute polémique, de toute argumentation, alors qu'il est convaincu de ne jamais pouvoir atteindre la vérité. Voyager correspond pour lui à une passion métaphysique vers le « je ne sais pas ».

Ghazâlî a-t-il été un maître pour Raymond Lulle ? S'appropriant par sa traduction du livre de Ghazâlî les mots, la langue, l'errance, la parole de ce dernier, Raymond Lulle peut y établir sa demeure, tout en prenant sa distance à leur endroit par l'adaptation d'abord en langue latine puis en langue catalane ; en effet, le livre de Ghazâlî n'est plus pour lui un pays étranger, mais il constitue le lieu où se déterminent à la fois sa pensée et sa parole, en opposition éventuelle à Ghazâlî. En effet, mis en situation de dépendance, le traducteur Raymond Lulle se démarque aussitôt de la prose arabe par une traduction en prose latine puis en poésie catalane. L'emprise exercée par la langue arabe de Ghazâlî sur sa propre parole fait qu'en elle il parle et existe. Mais c'est, après le passage obligé par la langue latine de l'Eglise, maîtresse de la philosophie et de la théologie, pour mieux parler et se dire dans sa spécificité catalane et lullienne. Ne pouvant abolir la nécessité de l'insertion de la parole dans le monde et ne pouvant oublier la puissance de l'Eglise dans le domaine de la pensée philosophique et théologique, il choisit alors la poésie, plus apte à transformer, en se jouant, l'espace de ce qui fait sens : ce qui donne *La logica del Gatzel posada en rims*. Ainsi, par cette double traduction, Raymond Lulle s'ouvre à la possibilité de dire toutes les choses et de tout dire des choses ; la parole du penseur arabe lui donne le monde en son entier, les autres et lui-même, et se donne comme le lieu de son existence dans le monde et échappée du monde.

Mais cette parole apporte aussi avec elle une question – et elle est questionnement sans fin : c'est celle que Raymond Lulle, traduisant Ghazâlî, se pose à lui-même au sujet de lui-même : Qui donc est-il en son identité, lui qui se découvre au milieu de tant d'autres et en face d'eux, ces autres dont le texte de Ghazâlî n'est qu'une expression particulière, ces autres au milieu desquels Ghazâlî a vécu son existence voyageuse ? Comment peut-il mener à bien ses trois projets et répondre à l'appel inexorable que le Christ en croix lui a adressé ? Il est alors contraint à faire retour sur lui-même. L'art combinatoire lullien a sans doute son point de départ dans la *Logique* de Ghazâlî, mais il s'est développé d'une manière vertigineuse et originale, après un retour sur lui-même, en demeurant fidèle à son premier projet : une logique et une dialectique surabondantes mais uniquement instrumentales, dans une finalité explicitement et strictement religieuse, celle de la conversion des sarrasins au Christ par la voie de la raison. La traduction lui apprend que la mémoire est ouverture sur le futur, chance donnée au langage de ne pas tomber dans l'enfermement d'une parole.

Mais, implicitement, la question qui se pose au terme de la double traduction du penseur arabe et que le XIIIe siècle scolastique ne peut concevoir, est la suivante – et Raymond a bien dû se la poser aussi : est-ce qu'on atteint jamais à la vérité qui parle à tous et se fait entendre de tous ? La vérité, parce qu'elle n'est ni du côté de l'original traductible et donc perfectible, ni du côté de la traduction qui ne reproduit pas mais ajoute, est dans un au-delà des deux qui les transforme tous les deux. La traduction conduit deux langues l'une vers l'autre dans une promesse de conciliation, promesse qui n'est jamais à réaliser, parce que, en fin de compte, on n'atteint jamais à la vérité.

Ainsi la traduction de la *Logique* de Ghazâlî par Raymond Lulle, par la double et dissemblable démarche linguistique à laquelle elle donne lieu, par sa production de l'écart, suppose de la part de Raymond la conscience très vive de sa singularité et de sa fragilité et la mesure du risque qu'il y a à faire lire dans son entreprise de traduction l'enjeu qui lui est personnel. Sollicitée par la présence du Christ crucifié, l'existence du penseur et chercheur Raymond Lulle apparaît en effet liée à la présence de l'autre homme, celui qui domine et contraint, celui qui veut apprendre, celui qui ne sait pas encore. Telle est en fin de compte la portée de cette double traduction de la *Logique* de Ghazâlî, au départ de la recherche de Raymond Lulle : montrer que nul ne parvient à la conscience de soi, c'est-à-dire à la réalisation de son dessein d'existence, que devant l'autre, en face de lui, contre lui, dans un écart jamais comblé. C'est là une conception particulièrement subversive dans les deux royaumes d'Aragon et de Majorque soumis à l'Inquisition.

V. *Les relations de Raymond Lulle avec le judaïsme*

S'il évoque le souci constant de Raymond Lulle pour les sarrasins, s'il mentionne sa connaissance de la langue arabe et son enseignement aux chrétiens et aux sarrasins, l'auteur de la *Vie de Raymond*, curieusement, ne fait jamais aucune allusion à un quelconque intérêt de son héros pour la philosophie et la religion juive, alors que Raymond a écrit plusieurs livres qui prouvent son savoir en ces domaines. Raymond lui-même ne cite jamais la kabbale dans son œuvre, bien qu'il soit aisément repérable – trop sans doute – que la méthodologie mnémonique suivie par Raymond manifeste une ressemblance indéniable avec ce type d'herméneutique hébraïque. Mais le silence de Raymond Lulle, même dicté par la prudence, n'est pas étonnant. En effet, la ressemblance entre la façon de dire lullienne et celle de la kabbale n'est qu'apparente ; même si les formes se ressemblent, les intentions sont complètement différentes et aucun juge chrétien du XIIIe siècle ne peut se méprendre sur les intentions de Raymond. Il convient de citer ici la nette conclusion de Gershom Scholem, après son analyse comparée du langage de la kabbale et du langage de Raymond Lulle :

> Pour les noms et la structure des *Sephirot* et des *dignitates*, la concordance n'est que toute superficielle et fugitive [1].

Par exemple, dans le *Bahir* ou *Livre de la Clarté*, comme chez Raymond Lulle, se trouve le symbole de l'arbre ; en disant qu'il doit à un citronnier son inspiration pour l'*Arbre de la Science*, Raymond reprend un motif des écrits de la kabbale. Le but central de la kabbale est de maintenir vivante la mémoire du savoir et le savoir de la mémoire, c'est-à-dire la flamme de la tradition hébraïque ; Lulle a une préoccupation identique pour le christianisme. Mais, tandis que par le *Zohar* ou *Livre de la Splendeur*, le plus célèbre texte de la kabbale espagnole rédigé en araméen vers 1275 en Castille, les kabbalistes conscients de la fragilité sociale et politique des juifs cherchent à retrouver une authen-

1. Gershom Scholem, *Les origines de la kabbale*, Paris, Aubier, 1966, p.412.

ticité qui ne peut être qu'ancienne, passée, Lulle n'est préoccupé que du présent et du futur du christianisme. Raymond Lulle est en fait beaucoup plus proche du grand penseur ibérique et juif, Maïmonide (1135-1204), qui meurt trente ans avant sa naissance. En effet, Maïmonide, tout comme Lulle après lui, tente de construire une somme du savoir dans sa vaste *Michné Tora*, dont le rationnalisme aristotélicien hérité par les arabes s'accorde avec la foi juive ; dans cet ouvrage tout est mis en rapport avec tout : la pensée mène à l'action et l'action à la pensée. Maïmonide n'est pas kabbaliste et a plutôt été, comme Raymond Lulle, un philosophe en quête de la clé encyclopédique du savoir humain[1]. Précisément l'insistance de Raymond au sujet d'une école des langues orientales ne poursuit-elle pas l'idée secrète de trouver une clé commune aux langues ?

Si plusieurs livres de Raymond prouvent qu'il connaît de façon approfondie les arguments de la théologie juive, un petit passage du *Liber de acquisitione Terrae sanctae*, écrit par Raymond vers 1309 à Montpellier et présenté sans succès au pape Clément V, peut sans doute établir indirectement – mais clairement, à mon avis – qu'il a noué des relations personnelles et confiantes avec des rabbins juifs de son temps. Ce passage est destiné à exposer et critiquer la conception d'un « frère », dont Raymond Lulle ne dit pas le nom mais qui est sans aucun doute le dominicain Ramon Martí[2], en matière de controverse religieuse avec les juifs et les musulmans[3].

1. Pour plus de détails, se reporter à l'article de Mario Satz : « Raymond Lulle et la kabbale dans l'Espagne du XIIIe siècle », dans *Raymond Lulle : Actes du colloque sur Raymond Lulle, Université de Fribourg, 1984*, Fribourg, Ed. universitaires, 1986, p.59-69.

2. Pour plus de détails, on peut se reporter au très complet article de Eusebio Colomer : « Ramón Llull y Ramón Martí », *Estudios Lulianos* 28 (1988), p. 1-37.

3. *Liber de acquisitione Terrae sanctae*, Ed. Ephrem Longpré, *Criterion* 3 (1927), p. 276-277. Voir également l'article de E. Longpré : « Le B. Raymond Lulle et Raymond Marti, O.P. », dans *Estudios Lulianos* 13 (1969), p.197-200. L'éditeur du texte pense que le « frère » est le dominicain Ramon Martí, lui aussi catalan, disciple de Raymond de Penyafort, ami de Thomas d'Aquin, excellent connaisseur des langues arabe et hébraïque. En 1278, Ramon Martí achève le *Pugio fidei contra Judaeos*, dont la première partie est une copie de passages de la *Summa contra Gentiles* composée vers

> Le frère savait aussi parler hébreu et, entre autres, avait l'habitude de fréquemment discuter à Barcelone avec un maître juif, éminent dans le domaine des lettres hébraïques. Le dit juif me raconta en une certaine occasion avoir affirmé à plusieurs reprises au frère qu'il était disposé à se faire chrétien, si celui-ci lui promettait qu'il pourrait comprendre ce que, selon sa foi, il croyait, mais que le frère lui répondait qu'il ne pourrait pas comprendre ; c'est pourquoi le dit juif demeurait comme il était auparavant, méprisant notre loi comme fausse et impossible à prouver.

Le fait que le rabbin juif rapporte au chrétien Raymond cette histoire, exprime à la fois leur entente théorique sur l'utilité de la démonstration des vérités de la foi par les « raisons nécessaires » et leur estime réciproque, mais également – et implicitement – la réalité de leur dialogue conçu comme le véritable espace d'apparaître de chacun en sa singularité respectée par l'autre. Le dominicain Ramon Martí, si c'est bien à lui que fait allusion Raymond comme le pensent la plupart des commentateurs et comme il est tout à fait probable, estime dans ses ouvrages que le juif est l'ennemi le plus dangereux, parce qu'il est « le plus familier aux chrétiens », dans la mesure où « ils vivent pratiquement côte à côte dans la même demeure ». Dans le *Capistrum Judaeorum* de 1267 comme dans le *Pugio fidei contra Judaeos* de 1278, il s'attache à dénoncer vivement les erreurs des juifs et leur montre, Bible en main, que la venue du Messie, qui est le Christ, accomplit ce qui est annoncé dans les textes ; il part donc de sa propre foi pour démontrer les vérités théologiques, ce que ne peuvent évidemment admettre ses adversaires. Ramon Martí n'hésite pas à

1259-1261 par Thomas d'Aquin. Ramon Martí connaît remarquablement bien les auteurs arabes et juifs célèbres à son époque. Il cite largement le Coran, Ghazâlî, Farâbî, Avicenne, Averroes. Il utilise encore davantage les sources juives : le Talmud et ses commentateurs, le Targum de Jonatan ben Uzziel, les Midrashim y compris un écrit au XIIe siècle par Moises Haddarscham de Narbonne et perdu, le *Zohar* et, parmi les grands maîtres de la pensée juive, Salomon ben Isaac, Abraham ben Ezra, David Kimhi et son contemporain Moises ben Nahaman. cf. A. Berthier : « Un maître orientaliste du XIIIe siècle : R. Martin », *Archivum Fratrum Praedicatorum* 6 (1936), p. 309. Le *Pugio* est rédigé en latin et en hébreu et s'adresse en priorité aux juifs. En 1281, Ramon Martí dirige le *studium hebraicum* de Barcelone. Il meurt en 1285.

écrire qu'il veut *traspasar*, « mettre à mort », ses adversaires non chrétiens par les armes intellectuelles de la prédication ; il reproche aux juifs leur « stupidité », « aveuglement », « délire », « prétention », « impudence », « perfidie », « ignorance », « corruption », etc. Tout autre est le ton de Raymond à l'égard des juifs dans le *Livre du Gentil et des trois Sages* de 1271-1275, dans le chapitre 69 intitulé « De la loi ancienne » de la *Doctrina pueril* de 1275, dans le chapitre 11 intitulé « Des prophètes » du *Livre des Merveilles* de 1288 ou dans le *Liber praedicationis contra Judaeos* de 1305, écrit par Raymond peu après qu'il a reçu de Jacques II d'Aragon (le 30 octobre 1299) l'autorisation de prêcher le samedi et le dimanche dans les synagogues, le vendredi et le dimanche dans les mosquées. Raymond ne manifeste aucune haine ni mépris pour les juifs ; sa seule prévention à leur égard est d'ordre spirituel. Il répète que leur antérieure grandeur et leur présente misère proviennent de leur condition de peuple élu et désormais réprouvé. Par exemple, Raymond écrit dans la *Doctrina pueril* :

> En ce temps-là , fils, les juifs étaient amis de Notre Seigneur Dieu et croyaient en lui et étaient contre les peuples qui croyaient en les idoles... Sais-tu, fils, pourquoi Dieu a donné la Loi aux juifs ? Afin qu'ils ne fussent pas dans l'erreur dans laquelle étaient les autres gens qui croyaient en les idoles et pour que parmi eux il y eût des prophètes qui annonçaient la venue de Notre Seigneur Jésus Christ et que parmi eux naquît Notre Dame sainte Marie, en qui s'est incarné le fils de Dieu [1].

L'inventaire de la bibliothèque du lulliste Joan Bonllavi [2], qui enseigna la philosophie lullienne à Barcelone et fut le premier éditeur du roman de *Blanquerna* à Valence en 1521, a révélé l'existence d'une œuvre de Raymond écrite en catalan [3] et dédiée à des rabbins :

1. *Doctrina pueril*, chap. 13, 3 et 6.
2. R. Guilleumas : « La biblioteca de Joan Bonllaví, membre de l'escola lullista de València al segle XVI », *Revista valenciana de filosofia* 4, (1954), p.66.
3. Il s'agit peut-être de l'original catalan, aujourd'hui perdu, du *Liber praedicationis contra Judaeos*.

> Aux sages juifs de Barcelone, Maître Abraham Denanet et Maître Aaron et Maître Bon Juif Salomon et autres sages qui sont dans la synagogue, Raymond Lulle, salut !.

Ces relations de Raymond avec les plus grands rabbins de son temps expliquent sans doute qu'il ait pris la peine de rédiger un argument polémique contre les procédés du dominicain si agressif envers les juifs et si expert dans la connaissance de leurs textes. Mais, parallèlement à cette polémique, Raymond prend soin d'affirmer sa soumission à la censure de l'Eglise. Il écrit précisément dans le prologue du *Liber praedicationis contra Judaeos* :

> Et si par hasard dans ce livre nous nous trompons contre la sainte foi catholique, ou si nous nous trompons par l'emploi d'une expression impropre (*locutie improprie*), nous nous soumettons à la correction de la sainte foi catholique, comme un fidèle chrétien que je suis (*tamquam fidelis christianus qui sum*).

Si l'attitude de Raymond Lulle à l'égard des juifs demeure constamment mesurée et déférente tout au long de sa vie, d'après ce que nous pouvons en juger par de rares et discrètes mentions, il en va tout autrement de son attitude à l'égard des musulmans, surtout après la prise de Saint-Jean d'Acre en mai 1291 où d'horribles massacres furent accomplis par les musulmans sur la population chrétienne. Par exemple, dans la *Disputatio Raimundi et Hamar Sarraceni*, écrite en 1308 peu de temps après son retour de Bougie, fruit d'une expérience acquise au péril de sa vie, Raymond estime que, dans la mesure où la « foi fausse et diabolique » a été « propagée par le fer et la force », une offensive matérielle s'impose désormais. La foi des juifs, ajoute-t-il ensuite, est bonne mais incomplète[1].

VI. *Le voyage de Blanquerna*

Quittant Majorque vers 1282, alors qu'il a déjà écrit quelques œuvres majeures et affirmé ainsi sa compétence et son savoir en

1. Pour plus de détails, on se reportera au livre de Dominique Urvoy : *Penser l'Islam. Les présupposés islamiques de l'« Art » de Lull*, Paris, Vrin, 1980, pp. 92 à 102.

matière philosophique et théologique, Raymond entreprend un long voyage, afin de prendre la parole devant le monde et poursuivre l'accomplissement de son dessein. S'arrêtant à Montpellier, dans les années 1283-1285, il écrit le *Livre d'Evast et de Blanquerna* qui est à la fois un récit allégorique édifiant, une revue des états du monde – mariage, vie monastique, vie épiscopale, vie pontificale, vie érémitique –, un ouvrage d'éducation, une utopie politique et religieuse. Si les parents de Blanquerna, Evast et Aloma, sont les héros du premier livre, les quatre autres livres sont consacrés aux différentes étapes de la vie de Blanquerna. A la fin du premier livre, Blanquerna rompt avec le monde et quitte définitivement la ville où il est né, ses parents et ses amis :

> Il me convient d'aller par les forêts et les montagnes et de chercher un lieu où il y ait de l'eau et des herbes sauvages qui puissent assurer la subsistance de mon corps. Que tout soit en la main de Dieu, car en lui est mon espérance, et en lui j'ai confiance, car il me dirigera pour que je trouve un lieu où je puisse l'aimer et le connaître tous les jours de ma vie...[1].

Et lorsqu'il s'élance enfin vers la forêt, il s'écrie :

> Au nom du Père et du Fils et du Saint Esprit, un seul Dieu ! Qu'Il soit le commencement, le milieu et la fin de notre voyage ![2].

S'enfonçant dans la forêt pour être ermite, pour apprendre à aimer et à connaître Dieu, Blanquerna se situe dans un mouvement corollaire d'une compréhension de Dieu en termes de mouvement et de perfectibilité. Si toute connaissance se caractérise par une suite de démarches intellectuelles, l'infini se dérobe à toute réduction de cette sorte. Ainsi Blanquerna doit rompre, reconnaître son non savoir, quitter la logique traditionnelle. Le voyage qu'il entreprend est la mise en place d'une nouvelle forme de connaissance. Sa méditation solitaire dans la forêt est un recueillement qui permet de trouver un monde nouveau. L'absolu n'est plus atteint intellectuellement, il est de l'ordre de la ren-

1. *Blanquerna*, 7.
2. *Blanquerna*, 8.

contre dans laquelle toutes les oppositions des genres et des espèces logiques sont supprimées, puisque cette rencontre transporte jusqu'au point qui se situe en-deçà de toute division et de toute opposition, attitude qu'on peut qualifier de *coïncidentia oppositorum* ou de mystique.

C'est parce qu'il veut transmettre cette expérience qu'il a acquise parallèlement – et paradoxalement – à la longue et intellectuelle élaboration de son *Art*, que Raymond Lulle au début de son voyage, à Montpellier, désire parler un autre langage ; il commence alors à raconter une histoire, celle de Blanquerna. Le voyage, le non savoir et ce que j'appellerais volontiers ici le conte théologique procèdent donc du même projet : faire l'expérience de l'existence et de la prise de parole chrétienne devant le monde.

Dans la forêt Blanquerna rencontre de très nombreux personnages, allégoriques ou représentatifs des états du monde : les Dix Commandements, Foi, Vérité, Entendement, Dévotion, Valeur, le majordome du roi, l'écuyer, le marchand, le plaideur, le chevalier superstitieux, le berger, l'empereur, le seigneur nommé Narpan, le moine hypocrite, etc. C'est après ces diverses rencontres que Blanquerna se fait moine, devient abbé et réforme son monastère, devient évêque et réforme son diocèse, devient pape et réforme l'Eglise et le monde. Enfin il renonce au pontificat et retourne à la vie érémitique que l'empereur, qui a renoncé à son trône, partage désormais avec lui. Refusant de s'enfermer dans un sens unique du monde, Blanquerna est toujours en route ; il n'est jamais arrivé, il va toujours au-delà , et, à la fin du livre, l'empereur est à sa recherche. Blanquerna dialogue sans cesse avec le monde ; il écoute le monde où de nouvelles choses peuvent advenir ; il s'inscrit dans le temps où tout est mobile, il est fondamentalement à l'écoute de l'occasion et se prépare à la recevoir, il invente de nouvelles formes d'expérience, il est en constant effort d'affranchissement et d'invention de soi. Aucun jour n'est pour lui la répétition du jour qui précède, Blanquerna ne saurait vieillir ni mourir ; il s'abîme dans la forêt, se soustrayant au risque de toute définition, définitivement ouvert à l'Autre.

Blanquerna déborde son propre personnage, dans la mesure où il est à la fois l'image de ce constant effort d'affranchissement et d'invention de soi et du cheminement vers Dieu et le double et le modèle de Raymond Lulle qui lui attribue des livres qu'il insère dans le conte et qu'il a écrits plusieurs années auparavant, tels le *Livre d'Ave Maria*, le *Livre de l'ami et de l'aimé*, l'*Art de Contemplation*; Blanquerna a aussi composé dans son ermitage le *Livre du Gentil et des trois Sages*, l'*Art de Démonstration*, l'*Art abrégé de trouver la vérité*, œuvres de Raymond trop longues pour être reproduites à l'intérieur du conte. Mais Blanquerna n'est pas le seul personnage du conte à faire entendre la voix de Raymond Lulle. L'empereur, qui laisse à son fils au moment où il abdique la *Doctrine de prince* et est l'auteur du poème final, le jongleur de Valeur qui interprète le poème de l'empereur, renvoient très explicitement à Raymond Lulle. «Le monastère de Miramar, qui est en l'île de Majorque», est mentionné à plusieurs reprises dans le conte. Le chanoine de Persécution est l'auteur d'un poème à la Vierge par lequel il invite à aller convertir les infidèles en Syrie; Raymond le Fou, bouffon converti devenu fou de Dieu, porte le même nom que Raymond Lulle et manifeste la même piété déconcertante.

Tous les personnages du conte, à eux tous, synthétiquement, posent des questions qui sont autant de possibilités de lectures du sens du monde et constituent le conte lui-même comme un espace de résonnance d'un écho qui répète autre chose que ce que dit sa source. Parce que l'histoire de Blanquerna est faite par de nombreux et divers personnages, elle n'est pas l'imposition d'un parcours obligé mais un faisceau de chemins possibles, l'acceptation d'une discontinuité de perceptions. Blanquerna lui-même connaît successivement les états de simple religieux, d'abbé, d'évêque et de pape. C'est pourquoi il donne à des lieux monastiques et à des offices de chanoines et de cardinaux des paroles qui sont des modèles, des propositions du pensable ouvertes sur les profondeurs de la Révélation, des paroles de rupture et d'ébranlement; chaque personnage a la responsabilité d'écouter cette parole et de se laisser questionner et de questionner sur le sens du monde.

Le chanoine de Persécution[1], par exemple, a pour office la béatitude : « Heureux ceux qui sont persécutés pour la justice » (Mat. 5, 10). Il est un fou de Dieu, un jongleur de Dieu, comme dirait saint Bernard. Sa « responsabilité » – *càrrec* – est très grande, écrit Raymond Lulle, car il doit mettre en œuvre la justice. Il accepte l'humiliation et le scandale, il va danser et boire dans les tavernes avec les truands et les ivrognes et il chante son poème à la Vierge pour les convertir. Il interrompt une somptueuse messe de Noël par les mots suivants :

> Fou fut Jésus Christ qui, avec si grande humilité, a voulu naître en si grande pauvreté. Si l'archidiacre met dans le déroulement de la messe si grande solennité avec orgueil et vaine gloire, est-ce que c'est parce qu'il veut ressembler à Jésus Christ ?

A la fin du chapitre, lorsque le chanoine s'oppose à l'injustice du roi, tous le dénomment « le fou », mais le roi lui donne finalement raison.

> Par la multiplication des tourments et de la persécution du chanoine, Dieu multipliait pour son peuple sa puissance et sa grâce par les mérites du chanoine.

Parce qu'il ne se contente pas d'un rôle imposé, parce qu'il est un fou de Dieu et un révolté, le chanoine peut contribuer à construire un monde juste où commence le dialogue avec le divin.

Raymond le Fou, qui comme Blanquerna est une image exemplaire de Raymond Lulle, se présente à la cour du pape Blanquerna en ces termes :

> Je suis Raymond le Fou. Je vivais à la cour de l'empereur et je dépensais follement... et l'empereur m'a tant dit de la passion de Jésus Christ et de la noblesse de Dieu que je veux être fou pour lui rendre honneur, et je ne veux parler désormais que par la force de mon grand amour[2].

Et son ami, le jongleur de Valeur, dit de lui :

1. *Blanquerna*, chap.76.
2. *Blanquerna*, chap.79.

> Pour louer Dieu et corriger les vices de la cour de Rome, Raymond le sage avait pris l'office de fou [1].

Raymond le Fou double ainsi le personnage du pape Blanquerna qui réforme l'Eglise et le monde. Dans un autre passage du conte, Raymond le Fou évoque la grave et essentielle question de la parole de vérité :

> Le fou vit parler deux cardinaux, et il désira qu'ils parlassent de son aimé, et eux parlaient de l'élection de deux évêques qui étaient élus *in discordia*; et c'est pourquoi le fou dit aux cardinaux que les plus plaisantes paroles qui soient sont les paroles qui sont entre l'ami et l'aimé [2].

Le *Livre de l'ami et de l'aimé*, inséré dans le conte, est une traduction en un autre langage – le langage mystique des soufis – du voyage de Blanquerna, de la folie de sa recherche de l'amour et de la connaissance de Dieu. Ici apparaît pleinement la dimension spirituelle de la folie de Raymond, celle qui, seule, le fait accéder à l'existence et à la parole de vérité à l'intérieur du monde, en donnant sens à sa vie. Le verset 54 dit en effet :

> L'ami allait par une ville comme un fou, en chantant son aimé. Et les gens lui demandèrent s'il avait perdu le sens. Il répondit que son aimé lui avait ravi le vouloir et que, lui, il lui avait offert son entendement, de sorte qu'il ne lui restait plus que la mémoire avec laquelle il se souvenait de son aimé [3].

De très nombreux versets du livre commencent ainsi : « Dis, fou, pourquoi... ? » Citons seulement :

> Dis, fou, pourquoi as-tu si grand amour? Il répondit : Parce que long et périlleux est le voyage en lequel je vais chercher mon aimé. Avec grande peine je dois chercher et lentement je dois aller; et tout ceci ne pourrait s'accomplir sans grand amour [4].

> Si toi, fou, tu dis la vérité, tu seras battu, moqué, emprisonné, torturé et mis à mort par les gens. Il répondit : Selon tes paroles, il s'ensuit que, si je disais des choses fausses, je serais

1. *Blanquerna*, chap. 82.
2. *Blanquerna*, chap. 80.
3. *Blanquerna*, chap. 100, 54.

loué, aimé, servi, honoré par les gens et je ne compterai plus parmi les amoureux de mon aimé[1].

Ainsi le voyage infini de Blanquerna n'est pas une errance insensée, mais la bénédiction même de l'Aimé, par opposition au sérieux de la logique et du savoir philosophique ; c'est un renouvellement incessant et périlleux du sens, l'entrée dans un autre mode de pensée. L'espace de la plainte et du jeu, de la folie et de la mise à mort à l'intérieur du monde est aussi et seulement celui du désir amoureux de Dieu, par lequel Raymond qui est peut-être Blanquerna, mais qui est aussi l'empereur ou Raymond le Fou, attend de rejoindre dans une solitude hors du monde la présence de Dieu.

Petits, moyens et grands/ Ont plaisir à se moquer de moi,/ Et amours, larmes et pleurs,/ Et soupirs font languir mon cœur/... Blanquerna, qui saurait me dire/ Par où je dois aller/ Vers votre cellule, où je désire/ Avoir seulement Dieu ?[2]

s'écrie l'empereur à la fin du conte, cependant que le jongleur repentant, aux yeux inondés de larmes, ramenant ainsi à sa vraie vocation son art de la parole dévoyé à des fins mondaines, s'apprête à proclamer partout dans le monde « par les places, les cours et les abbayes » le conte théo-logique du voyage exemplaire de Blanquerna que le lecteur est en train de lire et qui est peut-être l'histoire même de Raymond que Raymond est en train de vivre.

VII. *La prise de parole devant le monde et la folie de Raymond*

Après 1287, la *Vie* retrace les principales étapes du voyage de Raymond Lulle et ses difficultés :

Après cela, Raymond se rendit à Rome pour obtenir, si possible, du seigneur pape et des cardinaux que des monastères du même genre fussent érigés partout dans le monde[3] pour y

4. *Blanquerna*, chap. 100, 212.
1. *Blanquerna*, chap.100, 255.
2. *Blanquerna*, chap. 115.
3. En fait, dès cette époque, il existe déjà plusieurs écoles de langues orientales dans la chrétienté. Une école d'arabe a été organisée à Barcelone

étudier les diverses langues. Mais lorsqu'il parvint à la curie romaine, le pape Honorius venait de mourir[1]. Aussi laissant Rome, il dirigea ses pas vers Paris pour y faire connaître au monde l'Art que Dieu lui avait inspiré[2]. Berthauld[3] était chancelier quand Raymond vint à Paris et c'est dans sa chaire et sur sa demande expresse qu'il commenta son *Art général*. Après la fin de son enseignement et ayant vu à Paris la façon dont les étudiants se comportaient, il revint à Montpellier. Là de nouveau il composa un livre qu'il intitula *Art de trouver la vérité* et il le lut en public. Dans ce livre et dans tous ceux qu'il écrivit ensuite, il réduisit à quatre les seize figures qu'il avait exposées dans son premier *Art*... L'expérience de Paris, en effet, lui avait appris la fragilité de l'intellect humain. Après avoir terminé à Montpellier toute cette besogne, il prit la route de Gênes. Il n'y resta que le temps de traduire en arabe son livre de l'*Art de trouver la vérité*. Cela fait, il prit de nouveau le chemin de Rome, pour essayer comme avant d'obtenir la fondation de monastères destinés à l'étude des langues étrangères. La curie lui fit beaucoup de difficultés et son affaire n'avançait pas. Après avoir bien réfléchi, il retourna à Gênes afin de s'y embarquer pour un pays des sarrasins. Il voulait

dès le pontificat d'Urbain IV (1261-1264). En 1281, à Barcelone, l'école d'hébreu est dirigée par le dominicain Ramón Martí qui est, comme nous l'avons dit, le célèbre auteur du *Pugio fidei*, ouvrage polémique sur la conversion des infidèles. Dès 1255, le Maître général des dominicains, Humbert de Romans, dans une lettre adressée à tout l'Ordre, recommande aux religieux d'étudier le grec, l'arabe, l'hébreu ou « n'importe quelle autre langue barbare », afin de pouvoir être envoyés en Terre sainte, en Grèce ou ailleurs, dans les pays soumis aux infidèles. cf. José Maria Coll : « Escuelas de lenguas orientales en los siglos XIII y XIV », *Analecta Sacra Tarraconensia* 17 (1944), p.118-119, 132.

1. Jean XXI meurt le 16 mai 1277 et le pape Honorius IV, dont il est question ici, le 3 avril 1287. Le biographe n'a donc pas jugé bon de raconter la vie de Raymond Lulle pendant ces dix années. Lulle est sans doute allé à Perpignan en 1282, puis entre 1283 et 1285 à Montpellier où il rédige *Blanquerna*, comme nous l'avons dit. Il a peut-être séjourné aussi à Miramar. Peut-être aussi s'est-il rendu en Orient entre 1278 et 1282 ou entre 1285 et 1287.

2. *Vie de Raymond*, 18.

3. Berthauld de Saint-Denis est nommé chancelier de l'Université en décembre 1288.

> expérimenter s'il serait capable de faire lui tout seul quelque bien parmi eux, en discutant avec leurs savants...[1].

La parole de Raymond Lulle, ayant été reconnue par les hommes de l'Eglise, réclame désormais l'espace de la chrétienté pour se manifester. Ne pouvant, selon le récit qu'il fait à l'auteur de sa *Vie*, se satisfaire de Majorque et du seul collège fondé à Miramar, Raymond se rend à Rome, capitale du monde chrétien. Mais immédiatement commencent les premières difficultés. A Rome, la parole de Raymond Lulle ne trouve aucun lieu pour parler, aucune reconnaissance, aucune amitié, aucune hostilité déclarée non plus; elle ne trouve pas l'autre dont elle a besoin pour exister et s'assurer; le monde romain est sourd, indifférent à la parole, mortelle pour elle. Précisément le pape est mort et les luttes pour l'élection pontificale sont féroces, ce qui signifie que, seul, le parler social avec ses mots de violence, de pouvoir et d'intrigue peut être entendu à Rome.

Raymond Lulle se rend alors à Paris, capitale de l'intelligence chrétienne. S'il est bien accueilli par le chancelier de l'université, en revanche les étudiants trouvent que son *Art* est incompréhensible, d'où la nouvelle déception de Lulle, qui apprend à ses propres dépens que l'autre ne coïncide décidément pas avec l'attente qui se tourne vers lui. Mais il ne se décourage pas et réécrit son *Art* en le simplifiant, ayant admis que l'intolérable de l'altérité de ceux à qui il s'adresse est inséparable en fin de compte de sa propre fragilité et difficulté à dire une parole accessible, qui soit la communication recevable du sens de son existence sollicitée par le Christ. A juste titre, l'auteur de la *Vie de Raymond* reste ambigü : la « fragilité de l'intellect humain » est autant celle de Raymond qui parle que celle des étudiants qui ne l'entendent pas. L'écrivain solitaire de Majorque comprend alors, grâce à l'expérience parisienne, que nul, si forte que soit la certitude par laquelle il se sait accéder à l'existence, ne peut entrer dans le monde et parler au monde, s'il n'est pas introduit dans le monde du langage qui est tout uniment le monde des hommes. C'est donc par la double porte qui commande sa relation aux autres – ici les étudiants parisiens – comme elle commande sa relation au langage

1. *Vie de Raymond*, 19.

– ici la réécriture de l'*Art* – que Raymond Lulle espère franchir le seuil du monde. Et apparemment il l'a franchi, puisque, après la lecture publique du nouvel *Art* à Montpellier, il juge possible de traduire son livre en arabe à l'intention de ceux pour lesquels en 1265 il a commencé son long cheminement de conversion.

Une nouvelle fois déçu par Rome, s'estimant méprisé et incompris, Raymond Lulle décide de partir seul pour un pays musulman. En quête d'un autre à qui il est possible de parler et d'être entendu, il estime que sa parole pourra là -bas parler et être entendue jusqu'à perdre le souffle même de la vie par le martyre. Ayant éprouvé autrefois la mesure de son identité et de son existence dans les œuvres des penseurs arabes, Raymond Lulle croit que l'accomplissement de son projet ne passe plus que par sa prise de parole isolée en pays musulman. Il se laisse ainsi prendre au rêve de son désir de n'exister que par soi, de ne vivre et de ne dépendre que de soi pour sa propre existence. L'auteur de la *Vie* exprime clairement ce désir :

> Il voulait expérimenter s'il serait capable de faire lui tout seul quelque bien parmi les sarrasins, en discutant...

La démesure guette alors Raymond. Et en effet, le thème projeté de sa future discussion avec les musulmans n'est rien moins que l'Incarnation et la Trinité. Pour s'être révélé capable de passer outre un certain nombre de limitations imposées par sa faiblesse, Raymond se laisse persuader lui-même par lui-même que, pour avoir été capable d'un peu, il peut tout et, en particulier, qu'il peut disposer de sa vie et de sa mort. Ce qu'il veut alors, c'est se poser seul devant tous les autres – les chrétiens et les musulmans –, comme ne leur devant rien, mais prêt cependant à accepter leur admiration. Il veut donc oublier sa dépendance, oublier qu'il vit dans une société d'hommes, qu'il appartient à la communauté chrétienne et que ce qu'il peut devenir il ne le peut que dans le cadre de cette dépendance, étant donné que son triple dessein est un dessein qui concerne directement et étroitement l'Eglise et le monde chrétien.

Mais Dieu envoie alors une épreuve à Raymond Lulle, comme l'explique l'auteur de la *Vie de Raymond* qui montre son héros en proie à une grave et secrète crise du corps et de l'âme, en

1293, à Gênes, avant son départ pour Tunis qu'il a différé par peur. Et cette crise fait que Raymond Lulle retrouve la conscience de la réelle nécessité de son insertion dans le monde chrétien et se trouve, – détail tout à fait significatif –, soudain très anxieux de l'affirmation de son orthodoxie :

> Ayant perdu l'espoir que Dieu daignât le sauver, Raymond voulut tout de même se confesser en apparence et faire son testament, afin que ni les frères mineurs ni le peuple ne le prissent pour un hérétique. Ce qu'il fit[1].

Ainsi c'est à l'extrême limite de la démesure, au bord de la négation de celui qui l'a sollicité et l'a appelé à l'existence et à la parole et donc au bord de la redoutable hérésie, que Raymond Lulle découvre soudain et durablement que la parole est aussi un jeu, qu'elle peut jouer avec sa propre situation comme avec les mots. Le jeu donne à la parole sa propre possibilité, lui ouvre un espace d'existence à l'intérieur du monde qui ne l'entend pas mais dont elle dépend, fait entrer le monde en son entier dans le cercle de la parole. En jouant avec sa vie parce qu'il fait semblant de se confesser et met donc en péril son salut, Raymond Lulle se joue de la situation qui lui est faite dans la vie, il se place à distance de la contrainte et de la violence que constituent l'irrespect et le refus d'écoute, il se joue du monde. Il déplore que le monde ne l'entende pas et le considère comme fou, mais si le monde l'entendait, il le reconnaitrait comme hérétique et le mettrait à mort. Or, c'est cette même hérésie qui lui permet de jouer du monde et lui ouvre un espace de liberté à l'intérieur même de ce monde, espace dans lequel il peut advenir à nouveau à l'existence et à la parole auxquelles le Christ l'a appelé. Aussi doit-il jouer, et jouer toujours davantage et être fou, pour être en fin de compte reconnu dans son existence et dans sa parole, entendu. Telle est bien la folle espérance de Raymond, telle est sa folie. L'auteur de sa biographie mentionne alors la présence d'amis autour de lui, tour à tour apitoyés de son état, heureux et étonnés de sa guérison, accueillants, admiratifs de sa dévotion et de son intelligence. Il semble bien que quelques uns l'aient en effet entendu et compris dans sa folle espérance, dans sa folie.

1. *Vie de Raymond*, 24.

Choisissant ainsi le jeu et la folie, voulant l'altérité-altération de soi, Raymond Lulle met en place son propre visage de « fou » : *Raymundus phantasticus*, en même temps qu'il s'attribue sans intention de retour le titre ironique de « procureur des infidèles » (*Felix des Merveilles*, chap.10, 12). Il est bien devenu un autre de lui même, le voyageur en terre étrangère d'un voyage qui n'a pas de fin. Dans son poème intitulé *Desconhort* -ce qui signifie *Découragement*-, qu'il écrit en 1295, il s'identifie au personnage ou au rôle de fou. Refusant de se prendre au sérieux, il narre avec complaisance ses humiliations ; il raconte que quatre papes ont refusé de l'écouter, que les gens se sont moqués de lui, qu'en Afrique on lui a tiré la barbe, on l'a roué de coups et enfermé en prison, qu'après un naufrage il a échoué nu dans la ville de Pise, que ses livres sont si compliqués qu'on évite de les lire comme le chat évite les braises. Il ne se départit jamais d'un humour qui claque comme un éclat de rire dans le texte ; c'est cet humour, assûrément, qui lui donne le moyen de se défaire des dernières traces de vanité mondaine en lui, mais aussi de déjouer la violence que d'autres voudraient lui imposer, de ridiculiser ceux qui voudraient lui ôter son visage. Ainsi évoque t-il ceux qui l'entourent :

> ... Qui ne veulent pas m'écouter et tiennent pour rien/ Moi et mes paroles, comme si j'étais un homme qui follement/ Parle et ne fait rien selon l'entendement... (strophe VII, v.80-82).

> ... Mais comme le chat qui évite aussitôt/ Les braises, ils délaissent mes livres et ne font/ Aucun cas de ma recherche (strophe XXII, v.260-262).

Mais le rire ne prétend jamais substituer une vérité à une autre. L'homme qui rit, parce qu'il joue et qu'il est fou, s'inscrit dans la mobilité du temps et du monde et ne saurait considérer qu'il y a une parole unique et un sens unique du monde. Le fou est ouvert à l'occasion et sait qu'il n'est jamais arrivé nulle part, qu'il n'a jamais rien gagné. Au cours de son dernier séjour à Paris, alors qu'il a eu la joie de recevoir en 1310 l'approbation de ses thèses par quarante maîtres et bacheliers de l'université de Paris, alors qu'il a obtenu la même année des lettres de recommandation de Philippe le Bel et en 1311 un avis favorable à ses œuvres du chancelier François de Naples, Raymond écrit dans le *Liber natalis* ou *Livre sur la naissance de Jésus* :

> Malheur sur moi ! En quelle profonde angoisse je me trouve; pleurant, plein de douleur, seul, réduit à l'impuissance, vieux et méprisé de presque tous[1].

Dans la *Disputatio Petri Clerici et Raymundi Phantastici* évoquée au début de ce chapitre, Raymond écrit :

> Je fus un homme marié, père de famille, dans une bonne situation de fortune, vain et mondain. Tout cela, j'y ai renoncé de plein gré, afin de pouvoir honorer Dieu, servir le bien public et exalter notre sainte foi. J'ai appris l'arabe, je suis plusieurs fois parti prêcher les sarrasins. Arrêté, incarcéré et flagellé pour la foi, quarante cinq ans durant j'ai travaillé à mouvoir les prélats de l'Eglise et les princes chrétiens pour qu'ils cherchent le bien public.
>
> Maintenant je suis vieux et pauvre, mais je garde le même dessein et, avec la grâce de Dieu, j'y persévérerai jusqu'à la mort. Que me diras-tu à présent? Tout cela te semble-t-il fou ou non?[2].

Dans l'*Arbre de Philosophie d'Amour* composé vers 1298, Raymond Lulle écrit encore, en songeant à sa propre vie :

> L'ami s'en va vers des terres lointaines, disant à beaucoup de gens de comprendre et d'aimer la bonté de son aimé, grande sur toutes les bontés. Mais les gens ne l'écoutent pas. Ils se moquent de lui et lui reprochent ce qu'il fait par amour. Et le cœur soupire, et pleurent les yeux, car l'ami ne peut accomplir ce que désire l'amour (V, 2,2).
>
> Ami, comment as-tu le grand amour? – Je l'ai lorsque j'aime comme un fou (VII, 29).

Ainsi, parce qu'il a décidé un jour d'aimer le Christ comme un fou, parce qu'il est considéré comme fou et contraint au port de ce masque de folie, selon un constant effort d'affranchisse-

1. *Liber natalis pueri parvuli Christi Jesu*, dans *Raimundi Lulli Opera Latina*, t.VII, éd. H. Harada, Turnholti, 1975, p.72.
2. *Disputatio clerici et Raymundi phantastici*, éd. par Marianus Mueller, dans *Wissenschaft und Weisheit*, München-Gladbach, 2 (1935), p.312.

ment, d'invention et de risque de soi, Raymond Lulle fait l'expérience de soi et de sa singularité. Passant par l'épreuve de la peur et de l'angoisse, il se donne une identité d'emprunt, une identité qui est une possibilité d'identité, celle du fou, tout à la fois pour se protéger et pour exister, au risque de s'y complaire et de se laisser prendre au piège d'une folie sans issue, découragée, que le masque lui tend.

En fait, s'il a le souci de montrer qu'il est méprisé de tous et considéré comme fou, il n'abuse pas ceux, – les autres, chrétiens ou sarrasins –, qui l'entendent en vérité, parce que sa parole les interpelle dans leur propre identité et leur propre existence. Mais tandis que la rencontre de ceux qui l'approuvent dans la chrétienté lui accordent d'exister d'une manière humaine, puisque sa parole y est accueillie comme la parole de vérité d'un chrétien sollicité par le Christ, la rencontre des musulmans qui font tout pour effacer sa parole, une fois qu'ils sont fixés sur sa science et sur sa folie, le voue à la mort. De ce renversement la peur de Raymond Lulle a témoigné à Gênes en 1293 ; son existence, sa parole, sa personne même ont en effet vacillé devant un monde -plus exactement les musulmans- qui laisse apparaître l'envers de ce que son existence attend de lui.

En pays chrétien Raymond a la vie sauve, c'est-à-dire qu'il n'est pas accusé d'hérésie, parce qu'il demeure marginal du point de vue philosophique et théologique et parce que son explicite souci de conversion des infidèles s'inscrit parmi les préoccupations politiques et sociales des différents pouvoirs. En pays islamique, où tous, après quelques hésitations et stupeurs, entendent sa parole qui leur est à la fois familière et insupportable, Raymond aurait la vie sauve s'il était vraiment fou et si personne ne pouvait entendre sa parole ; c'est bien pour les musulmans qu'il est à la fois le plus familier et le plus dissemblable, donc le plus inquiétant ; entendu par tous, il est nécessairement facteur de troubles politiques et religieux. L'auteur de la *Vie de Raymond* note, à propos de l'emprisonnement de Raymond à Bougie en 1307 :

> Le lendemain les docteurs de la loi se rassemblèrent chez le pontife et lui demandèrent de faire exécuter Raymond. Après avoir délibéré sur la meilleure façon de le perdre, ils décidèrent

> à la majorité des voix de le faire comparaître. Si l'on pouvait établir qu'il était un homme de science, il serait aussitôt mis à mort ; si au contraire on avait affaire à un idiot ou à un fou, on le relâcherait comme tel. Devant cette décision, l'un d'eux qui avait fait avec Raymond la traversée de Gênes à Tunis et qui avait entendu plus d'une fois ses sermons et ses discussions, leur dit : « Gardez-vous de l'introduire ici dans le prétoire ; il opposerait à notre loi des arguments tels qu'il nous serait difficile, voire même impossible, d'y répliquer [1].

En définitive, les musulmans ne se sont pas trompés sur la parole de Raymond Lulle, puisqu'ils ont provoqué sa mort en 1316. Selon la tradition, – car la *Vie de Raymond* s'arrête en 1311 –, Raymond Lulle, roué de coups à Tunis en 1316, a été embarqué de force sur un navire gênois en partance pour Majorque et il est mort pendant la traversée. Mort en méditerranée, devenu île entre deux mondes – le monde chrétien et le monde musulman –, il a été enseveli dans l'île de Majorque. En désirant et en acceptant la mort corporelle, Raymond Lulle démontre que sa parole ne prend pas le risque d'une décomposition dans la folle insignifiance et qu'elle ouvre définitivement vers un autre ordre d'existence, vers une plénitude d'existence. En effet, Raymond mort n'est plus désormais que sa parole, celle de l'écriture patiente et acharnée de son œuvre immense. Tous les livres qu'il a écrits ne sont qu'autant d'invitations au voyage qui maintient la multiplicité du réel et empêche toute pétrification de la pensée, autant d'ouvertures à la présence de celui qui est par excellence Parole de vérité et d'existence. Folie et non savoir de Raymond s'accomplissent alors, à la mesure de leur temps rempli de contradictions et de promesses, en mouvement de sagesse et d'amour qui sont, nous dit Raymond, deux vertus divines.

Dans le *Livre de l'ami et de l'aimé*, Raymond, en une admirable formule, n'a-t-il pas annoncé :

> L'amour est une mer agitée de vagues et de vents, qui n'a ni port ni rivage. L'ami périt dans la mer, et dans son péril périssent ses tourments et naissent ses accomplissements [2].

1. *Vie de Raymond*, 39.
2. *Blanquerna*, chap. 100, 234.

CHAPITRE II

L'ÉCRITURE DE LA VIE, L'ILLUMINATION ET LE LIVRE

Le voyage.

Il est d'abord à ses propres yeux un départ et un arrachement à la banalité. Par lui se produit une rupture dans le tissu ordinaire du temps, et il ne vaut comme voyage que s'il est exceptionnel, exaltant et joyeux... Mais le voyage le plus libre, le plus heureux, le plus ébloui de lui-même, n'est-il pas celui où le Voyageur procède lui-même à sa propre initiation, à son propre travail de libération, de création et d'enchantement ? Le voyage le plus étonnant et le plus fécond à la fois n'est-il pas celui qui dessine son itinéraire en le déployant et qui l'invente par le voyage même ? Celui-ci devient alors sa propre finalité et il trouve son fondement dans le mouvement même qui le définit : il trouve alors en lui-même et sa jouissance et sa justification. N'est-ce pas la structure même du voyage de l'être ?

Robert Misrahi
Les actes de la joie : fonder, aimer, agir
Paris, P.U.F., 1987.

Dans l'ensemble de l'œuvre de Raymond Lulle, le livre de la *Vie de Raymond* occupe une place tout à fait singulière. Tandis que Raymond, auteur de livres innombrables globalement destinés à prouver l'incarnation du Fils de Dieu et l'existence d'un Dieu en trois personnes, affirme toujours que « son » *Art* c'est-à-dire l'ensemble de son système de pensée philosophique, théologique et spirituel, lui est révélé par un Autre qui est Dieu lui-même, dans le livre dénommé *Vita coetanea beati Raymundi Lulli*, c'est-à-dire littéralement *Vie contemporaine du bienheureux Raymond Lulle*, la situation d'écriture est inversée, puisque c'est un autre, anonyme, sans doute un chartreux du monastère parisien de Vauvert, qui écrit en langue latine ce que Raymond lui dit sur sa propre et contemporaine existence dans le monde. Prenant explicitement la place du Dieu qui a inspiré tous ses livres, Raymond donne la formule des deux motifs essentiels de son histoire de converti et de croyant : l'illumination et l'écriture des livres qui lui ont été révélés. La présence de Dieu est ici son absence, son retrait de l'écriture de la vie de Lulle, dans la mesure où le livre est destiné à révéler l'implication politique de Raymond Lulle dans la société de son temps, c'est-à-dire le rapport réel et différent de cet homme « bienheureux » avec les autres, chrétiens et infidèles. De quel genre d'écriture relève alors le livre dicté de la *Vie* ? De quoi parle le texte ? Comment se désigne-t-il à la fois comme le produit d'une conscience particulière et comme le pur commentaire d'une relation ? Comment exprime-t-il la tension entre le théologique et le politique ?

J'utilise ici le texte latin[1] édité par Hermogenes Harada dans les *Opera Latina* de Raymond Lulle, publiées à Turnhout[2], et la

1. Les deux manuscrits contenant le texte latin de la *Vie de Raymond* : Lat. 15450 de la Bibliothèque nationale de Paris et S.Petr. 92 de la Bibliothèque de Karlsruhe ont appartenu au chanoine d'Arras, ami et disciple fidèle de Raymond Lulle, Thomas Le Myésier. Voir Miquel Batllori dans « Introducció i comentaris a la *Vida Coetània* » en langue catalane, *Obres essencials*, Barcelone, Ed. Selecta, 1957.

2. *Vita coetanea*, éd. Hermogenes Harada, dans *R.L. opera latina*, vol. VIII, Turnhout 1980 (*Corpus christianorum*, 34), p.272-309. Une édition critique et une traduction ont été données par Baudoin de Gaiffier dans *Analecta Bollandiana*, 1930 ; cette traduction est publiée par Louis Sala-Molins dans *Lulle : L'arbre de philosophie d'amour, Le Livre de l'ami et de*

traduction donnée par Ramón Sugranyes de Franch dans les *Actes du colloque « Raymond Lulle : christianisme, judaïsme, islam », Université de Fribourg, 1984*[1]. Il existe une version en langue majorquine du XVe siècle dans un manuscrit unique (British Museum 16432); le texte en est beaucoup plus louangeur que celui de la version latine et certains passages sont complètement remaniés; ce sont bien des dévots de Raymond – « quelques-uns de ses dévots » – qui ont repris le livre initialement fait par « quelques religieux de ses amis »[2].

L'auteur anonyme introduit le récit de vie par un petit texte qui, disposé sur quatre lignes comme un quatrain, constitue un véritable prologue :

> Pour l'honneur, la louange et l'amour de notre seul Seigneur Dieu Jésus Christ. Raymond, cédant aux instances de quelques religieux de ses amis, raconta et permit de mettre par écrit les traits suivants, sur sa conversion à la vie pénitente et sur quelques-unes de ses entreprises[3].

Plaçant son texte sous l'invocation du Christ, l'auteur anonyme rappelle que c'est l'incarnation de Dieu fait homme qui donne à chaque homme son prix infini et que tout sujet est l'image du Christ, lui-même image de Dieu. Le récit de la vie de Raymond Lulle n'a d'intérêt qu'en tant que Raymond est l'image du Christ et que sa vie concourt à la louange du Christ. La deuxième ligne de l'introduction commence par le nom : Raymond, sujet de la phrase, sujet du livre de sa vie, sujet qui cède aux supplications de ses amis, qui est « écrit » par ses amis. La troisième ligne définit le statut du livre : dicté, légitimé, fragmentaire. S'il s'agit d'un texte dicté, il s'agit aussi d'un récit

l'aimé et choix de textes philosophiques et mystiques, Paris, Aubier-Montaigne, 1967.

1. « *Vie de Raymond Lulle. Vita coetanea beati Raymundi Lulli* ». Texte traduit et annoté par Ramón Sugranyes de Franch, dans les *Actes du colloque « Raymond Lulle : christianisme, judaïsme, islam », Université de Fribourg, 1984*, Fribourg, Editions universitaires, 1986.

2. Le texte en est donné dans les *Obres essencials*, Barcelone, Ed. Selecta, 1957, 2 vol., t.1 : « Aci davall se segueix la vida e actes del reverend mestre Ramon Llull », p.34-54.

3. *Vie de Raymond*, 1.

autobiographique, animé par le récit d'un parcours à la fois spirituel et physique. En «racontant», c'est-à-dire en dictant, Raymond se soustrait au lieu même de l'écriture de sa vie. En choisissant «quelques traits» de sa vie, il met un écart entre le texte intitulé «*Vie de* ...» et lui-même, il se dérobe à toute manipulation par le texte et se pose comme sujet libre de son existence. La quatrième phrase pose les limites de la *Vie de Raymond* : la conversion et quelques entreprises, mais ni naissance ni mort. Qu'est-ce qu'un récit de vie qui ne comporte ni la naissance ni la mort de son sujet?

Texte rempli par Raymond, la *Vie de Raymond* déborde son sujet, dans la mesure où ce n'est pas le récit d'un «je» mais d'un «il». Cette distance du «je» au «il» ne serait-elle pas toute la distance qui sépare l'autobiographie de l'hagiographie? Raymond est en effet qualifié de *beati*, «bienheureux», dans le titre original de la *Vie*. En choisissant pour modèle d'écriture celui de la vie admirable, l'auteur anonyme de la *Vie de Raymond* se montre sensible à la valeur herméneutique que possède en lui-même le temps d'une vie; ce temps est une image de l'histoire du salut; l'emploi de «il» substitue la connaissance mémorisée de la vie de cet autre qu'est Raymond pour l'auteur anonyme au seul souvenir vécu par le «je». N'y aurait-il alors dans la *Vie de Raymond* que l'ébauche d'un projet auto-biographique, si l'on s'en tient aux définitions strictement données de l'autobiographie par des auteurs comme Paul Zumthor[1] ou Philippe Lejeune[2]? L'historien de la littérature Michel Zink a démontré dans *La*

1. Paul Zumthor dans le chapitre intitulé «Autobiographie au Moyen Age» dans *Langue, texte, énigme*, Paris, Le Seuil, 1975, p.165-180, écrit : «Nous admettrons que l'autobiographie comporte deux éléments : un «je» et une narration donnée comme non-fictive. Ces éléments sont unis par un lien fonctionnel : le «je», en effet, à la fois énonciateur et sujet de l'énoncé, constitue le «thème» dont les actions successives engendrant le récit sont les prédicats».

2. La définition de Zumthor rejoint celle de Philippe Lejeune : «Récit rétrospectif en prose qu'une personne réelle fait de sa propre existence, lorsqu'elle met l'accent sur sa vie individuelle, en particulier sur l'histoire de sa personnalité», dans *Le pacte autobiographique*, Paris, Le Seuil, 1975, p.14. Lejeune dit aussi p.241 : «Toute autobiographie est l'expansion de la phrase : Je suis devenu moi».

subjectivité littéraire que le XIIIe siècle constitue «une période-seuil qui, en accordant une importance et un sens nouveaux à la place du sujet dans l'œuvre, entraîne une nouvelle conception et une nouvelle répartition des formes littéraires... La prise en compte généralisée dans l'expression littéraire – ou dans l'expression qui devient de ce fait proprement littéraire – de la subjectivité telle qu'on l'a définie plus haut est essentiellement un phénomène du XIIIe siècle»[1]. Plus loin, il estime que l'autobiographie est recherche par le sujet de sa propre élucidation par un retour sur son passé et un récit continu de sa vie. La question que je me pose est alors la suivante : Dans quelle mesure l'écart entre le texte de la *Vie de Raymond* écrit à la troisième personne et le sujet Raymond participe-t-il de cette élucidation et marque-t-il, en ce début du XIVe siècle, le texte comme le point de vue d'une conscience et d'une liberté ?

L'écrivain de la *Vie de Raymond* n'est pas seulement anonyme; il se définit aussi par son appartenance au groupe des amis de Raymond : «quelques religieux de ses amis». En faisant valoir l'amitié que Raymond éprouve pour lui, son écoute du récit de Raymond et l'autorisation de mise par écrit qu'il reçoit, il attire l'attention sur l'œuvre en train de se faire plus que sur l'œuvre faite, c'est-à-dire sur son propre travail qui a valeur et légitimité à la fois collectives et institutionnelles. Ambigüité d'une écoute où ce qui s'annonce surgit entre l'hagiographique et l'institutionnel et souligne par là-même les liens étroits entre l'hagiographique et l'institutionnel ou le politique. L'écrivain tire gloire de son sujet et suggère que son écriture a pour effet un déplacement de l'autorité, qui passe de la source Raymond Lulle au livre même de sa *Vie*. Il indique bien ainsi qu'il ne se tourne pas vers le passé dont son œuvre doit garder la mémoire, mais vers l'avenir qui gardera la double mémoire de son œuvre et des autres œuvres de Raymond Lulle. Son seul souci est de faire savoir que cette vie est signifiante et surtout qu'elle n'a d'autre vérité que le sens qui est ici produit. Ainsi le texte écrit s'offre à une pratique intellectuelle; il invite le lecteur à réfléchir sur sa

1. Michel Zink : *La subjectivité littéraire*, Paris, PUF, 1985, p.17.

composition d'ensemble. Au lecteur il appartient d'interpréter, d'ouvrir le texte.

I. *La peur de Raymond devant le Crucifié et les premières certitudes*

Dès l'introduction, le lecteur sait que le récit de la vie de Raymond Lulle s'ordonne à partir de la conversion de Raymond et que les actions qui y sont décrites sont celles d'un homme converti et agissant en tant que tel. Le récit de conversion qui entame le livre occupe la place d'un récit de naissance ; la « Vie » de Raymond, sa véritable existence, commence au moment de sa conversion ; acceptant de contempler le Christ, Raymond, comme je l'ai montré plus haut, accède à l'existence, à la parole et à l'écriture.

La conversion de Raymond Lulle, selon l'auteur de la *Vie*, passe par deux premières étapes. Dans un premier temps, et à plusieurs reprises, Raymond voit « le Seigneur Jésus Christ comme suspendu à la croix ; cette vision lui fit peur... » et l'auteur souligne que la peur de Raymond ne fait qu'augmenter lors de ses successives visions du Crucifié. Ce n'est que dans un deuxième temps, « à la fin », que Raymond, « par la grâce du Père des Lumières », comprend que derrière l'horreur insupportable de la vision d'un homme à l'agonie sur la croix il y a « la douceur, la patience et la miséricorde que le Christ avait eues et a encore pour tous les pécheurs » [1].

Eprouvant une terrible peur devant le Christ crucifié, défiguré et muet dans la mort, Raymond Lulle qui cherche à écrire une belle chanson d'amour ne trouve plus les mots, s'arrête d'écrire et s'efforce de trouver le sommeil, d'oublier. Et il oublie, en effet. Mais la vision revient, s'impose à lui. L'authenticité de cette figure repoussante, silencieuse, impossible à « trouver », au double sens du catalan *trobar* : « trouver » et « mettre en mots de poèmes », entraîne Raymond dans une *sequela Christi*, une « suite » spécifique où la foi et l'éthique – c'est-à-dire l'action – convergent. L'impression intime de solitude et de déréliction,

1. *Vie de Raymond*, 2-4.

cette angoisse d'un vide primordial allégoriquement connotée par la nuit dans laquelle Raymond Lulle voit le Crucifié, peut être contenue, est rendue pensable par la conversion. Dans la vision de la mort du Crucifié l'homme Raymond se découvre alors comme s'échappant àlui-même ; il ne peut plus s'en tenir exclusivement à lui-même. La pensée de Raymond, qui, « grâce au Père des Lumières », est illumination du cœur et de l'intelligence, assigne désormais au vide sa limite et son terme, se constitue comme contenant : « Ils contempleront Celui qu'ils ont transpercé », écrit l'évangéliste Jean 19, 37, citant le prophète Zacharie 12, 10. Frances Yates montre bien dans *The Art of Memory* comment, de façon générale, des images frappantes, hideuses ou sanglantes, ont eu pour fonction au Moyen Age de fixer dans la mémoire des vérités morales et spirituelles [1].

Le récit de la conversion de Raymond n'est pas sans rappeler les traités spirituels du franciscain saint Bonaventure (1221-1274), de sorte que le texte se désigne clairement comme partagé entre l'arbitraire de la subjectivité individuelle et la nécessité des formes du langage, ces formes n'étant pas seulement linguistiques mais aussi théologiques et spirituelles. Si Raymond Lulle, en accord avec la sensibilité de son époque, particulièrement cistercienne et franciscaine, noue un lien personnel et sentimental avec le Christ et porte une extrême attention aux mouvements intérieurs de son âme, à ses sentiments de répulsion, d'émotion et de repentir, il le fait dans les termes mêmes qui sont ceux des traités bonaventuriens.

La contemplation du Christ par Raymond constitue sa véritable naissance, parce que le Christ est pour lui l'axe des événements du monde, le tournant de l'histoire de tout homme. A la suite de saint François d'Assise (1182-1226), Bonaventure, plus que tout autre théologien, se réfère sans cesse à la croix et au Christ crucifié dans ses ouvrages. Dans le prologue de l'*Itinerarium mentis in Deum*, il avertit qu' « il n'y a pas d'autre chemin vers Dieu que l'amour très ardent du Crucifié ». Dans l'*In Hexaemeron*, il affirme que la grâce de la stigmatisation apparue en François d'Assise n'est pas autre chose que celle de la plus

1. Chicago University Press, 1966, p.77.

parfaite imitation du Christ. Son opuscule *Lignum Vitae* est une méditation sur la croix, conçue comme un arbre fécond et parfumé, pourvu de branches, de fleurs et de fruits. Dans l'hymne de laudes de l'*Officium de Passione Domini*, Bonaventure évoque la salutaire terreur éprouvée par les fidèles devant l'image du Crucifié :

> Que la grave peine de ta mort
> Et l'effusion de ton sang
> Terrifient les cœurs, afin qu'ils te cherchent,
> Jésus, notre rédemption[1].

La peur amène l'homme à tourner son intelligence personnelle vers le Dieu illuminateur[2]. Raymond, écrit l'auteur de la *Vie*,

> passa toute la nuit à se demander ce que pouvaient signifier ces visions tant de fois réitérées... Ainsi, tour à tour discutant avec soi-même ou priant Dieu avec ferveur, il passa cette pénible nuit sans dormir[3].

Le prologue du *Soliloquium* de Bonaventure, qui est un guide de contemplation, contient tous les éléments du récit de la conversion de Raymond, à savoir la méditation de la crucifixion, la recherche au cours de la nuit, enfin l'accession à la contemplation grâce au Père des Lumières :

> Voici la croix bienheureuse, à quatre extrémités, sur laquelle, ô âme dévote, avec ton très doux époux Jésus tu dois te pendre conjointement par la méditation... et il faut aussi que tu puisses dire avec l'épouse : sur ma couche j'ai cherché pendant la nuit celui que mon cœur aime... afin de parvenir àl'inestimable

1. *Officium de Passione Domini*, Ed. de Quaracchi, Rome, Collège Saint-Bonaventure, (4e édition) 1949. La traduction française est la mienne.

2. Avicenne (980-1037) a développé la doctrine du *Dator formarum* ; selon lui, les hommes en tournant leur intelligence personnelle vers cet Intellect agent de l'espèce humaine reçoivent par illumination de ce « fournisseur d'idées » les concepts dont ils ont besoin pour penser. Les augustiniens avicennisants identifient le *Dator formarum* d'Avicenne avec le Dieu illuminateur de saint Augustin, qui devient ainsi l'Intellect agent de l'humanité. Il y a là un curieux amalgame de deux doctrines étrangères l'une à l'autre.

3. *Vie de Raymond*, 4.

contemplation grâce à cet exercice de l'esprit et par l'humble invocation du Père des Lumières [1].

Dans le célèbre et souvent commenté prologue de son ouvrage *De reductione artium ad theologiam* que la critique moderne intitule volontiers *Les six lumières de la connaissance humaine* [2], Bonaventure écrit :

> Tout don excellent et toute donation parfaite viennent d'En-Haut, ils descendent du Père des Lumières », ainsi écrit saint Jacques au premier chapitre de son épître. Dans ce verset il est question de la source de toute illumination et en même temps l'apôtre suggère que cette lumière primordiale est la source généreuse d'où proviennent les multiples lumières.

Plus loin, Bonaventure pose l'équivalence entre *formatio* et *illuminatio* : illuminer un être, lui communiquer la lumière, c'est par le fait même lui donner sa forme et l'appeler à l'existence. Une fois que Raymond est « éclairé par le Père des Lumières », il comprend que le Crucifié est le salut des pécheurs et

> il acquit ainsi la certitude que Dieu voulait que lui, Raymond, quittât le monde et se consacrât de son cœur tout entier au service du Christ [3].

Ainsi Raymond devient un homme nouveau, tendu vers le service aimant et cordial du Crucifié, et détaché de l'ancien homme qui était aveuglé par le péché. La sagesse franciscaine de saint Bonaventure n'est pas seulement une sagesse spéculative mais une sagesse de vie, dans laquelle la doctrine est toujours conçue comme le stimulant de l'amour et de l'action. Il y a un itinéraire de l'homme qui, par étapes de plus en plus parfaites, s'élève jusqu'à Dieu ; Dieu éclaire, explique Bonaventure, par une série d'illuminations successives, toutes ordonnées àl'illumination

1. *Soliloquium. De quatuor mentalibus exercitiis*, dans *Decem opuscula ad theologiam mysticam spectantia*, Ed. de Quaracchi, Rome, Collège Saint-Bonaventure, (4e édition) 1949. La traduction française est la mienne.

2. J'utilise ici l'édition suivante : saint Bonaventure, *Les six lumières de la connaissance humaine-De reductione artium ad theologiam*, texte latin de Quaracchi et traduction française, introduction et notes par Pierre Michaud-Quentin. Paris, Ed. franciscaines, 1971.

3. *Vie de Raymond*, 4.

suprême de l'Ecriture, dans laquelle elles trouvent leur parfait épanouissement. Mais, au point de départ, Dieu se donne à connaître selon une expérience intime, par méditation de la vie et de la mort du Christ sur la croix. La « certitude » acquise par Raymond Lulle sur sa propre conduite de vie, qui accompagne directement son expérience intime, sensible, du Christ crucifié, achève l'événement de la conversion.

Après le voir et le penser, l'agir est bien le troisième terme de la décision chrétienne. Cet agir, Raymond, en « se [demandant] dès lors sérieusement quel service plairait davantage à Dieu », le conçoit comme le don de sa vie, c'est-à-dire de son corps, « par amour pour lui et en son honneur »[1], « en allant convertir à son culte et à son service les sarrasins qui, par leur nombre, menaçaient la chrétienté ». De même que Raymond, dictant le livre de sa *Vie*, se soustrait au lieu de son écriture et fait que le texte est mû par le rapport à la dictée et donc àl'arrachement ou à la soustraction de son producteur, également dans le texte lui-même la vie du converti Raymond est dès son origine mûe par le rapport au désir d'arrachement ou de soustraction du corps, au désir de perte du corps mortel. D'un point de vue strictement historique, la vocation missionnaire de Raymond Lulle orientée vers les non-chrétiens se trouve présente dès les années 1230-1250 chez les béguins millénaristes qui se réclament de saint François d'Assise et sont nombreux en Aragon. Mais ce qui importe ici, c'est le lien étroit et signifiant entre l'écriture du récit dicté de la *Vie* et le désir du personnage historique, Raymond Lulle.

Mais Raymond Lulle pense que la conversion des musulmans, motif et occasion de son martyre, requiert des connaissances intellectuelles. Au moment où, « consterné » de son peu de savoir, il « se mit à pleurer sur son sort »,

> ... voici que sans qu'il sût comment – Dieu seul le sait- une sorte d'inspiration véhémente remplit son cœur et son intelligence : il devrait dans les temps à venir composer un livre qui

1. Cette expression cite les textes johanniques suivants : Jn 10, 11 ; Jn 15, 13 ; I Jn 3, 16.

serait le plus efficace du monde contre les erreurs des infidèles [1].

L'« inspiration véhémente » évoquée ici par l'auteur de la *Vie de Raymond* n'est pas encore la grande et décisive illumination que connaîtra plus tard Raymond Lulle. Mais les termes mêmes qui s'y rapportent et marquent l'intervention divine : « sans qu'il sût comment-Dieu seul le sait », indiquent que la certitude de Raymond est de l'ordre des « visions et révélations du Seigneur » (II Cor, 12, 1) données à l'apôtre Paul. Cette certitude, qui est une « inspiration véhémente » du cœur et de l'intelligence, suit donc la conversion proprement dite, qui est déjà à la fois expérience sensible et certitude de l'intelligence, et s'en distingue. De la même façon, Paul a distingué soigneusement l'événement du chemin de Damas, qui consiste en l'apparition du Christ, des visions et révélations qu'il a eues ensuite. L'apôtre écrit dans la deuxième épître aux Corinthiens (12, 2-4) :

> Je connais un homme en Christ qui, voici quatorze ans, – était-ce dans son corps ? je ne sais, était-ce hors de son corps ? je ne sais, Dieu le sait –, cet homme-là fut enlevé jusqu'au troisième ciel. Et je sais que cet homme, – était-ce dans son corps ? était-ce sans son corps ? je ne sais, Dieu le sait –, cet homme fut enlevé jusqu'au paradis et entendit des paroles inexprimables qu'il n'est pas permis à l'homme de redire.

Mais, tandis que l'apôtre, enlevé au ciel dans son corps ou sans son corps, ne veut ni ne peut proclamer ce qu'il a entendu, Raymond, au cours de la terrible nuit passée à veiller dans l'intimité de sa chambre devant la représentation du Christ en croix, acquiert la conviction qu'il ne saurait se passer de l'épreuve du langage et de l'acquis de la science philosophique et théologique de son temps, s'il veut écrire un « livre efficace » pour les autres, les infidèles, c'est-à-dire les amener à se convertir. Advenant à l'existence humaine chrétienne par son expérience sensible du Crucifié, Verbe de Dieu, Raymond veut écrire pour témoigner de la vie nouvelle qui est à vivre par la conversion ; c'est sa propre existence et sa propre parole qu'il veut donner en représentation,

1. *Vie de Raymond*, 6.

transformer en livre ouvert où est traduite la parole divine qui l'a converti et dont il a la certitude qu'elle convertira les infidèles. Tel est désormais l'objectif de Raymond : écrire le livre : « ce livre serait le plus efficace du monde contre les erreurs des infidèles ». Mais il ne sait pas comment il écrira le livre, « sous quelle forme et de quelle façon » et demeure, dit la *Vie*, « fort étonné ».

Les anciennes Passions des martyrs comparent souvent les blessures qui leur sont infligées avec une écriture pourpre, inscrite dans le livre de vie du Christ, à sa gloire. Dès l'époque carolingienne, écrire sert au salut de l'âme. La dictée va de pair avec l'écriture ; Dieu est le *dictator* sous la dictée duquel des saints ont écrit. La comparaison entre le cœur et le livre est également fréquente. A l'époque scolastique, de nombreux auteurs estiment que la création mais aussi le Christ sont des livres de Dieu ; dans le livre de notre raison sont inscrites les images des choses mais aussi les idées divines[1]. Ainsi les utilisations de la notion de livre sont très diverses. Raymond veut que son livre, fruit d'une expérience sensible et d'une certitude de l'entendement, soit écrit avec la langue des hommes et accessible à l'intelligence de tous.

Le programme en trois points immédiatement « solidement ancrés dans l'esprit » de Raymond : accepter le martyre, « composer également, Dieu aidant, le livre dont il a été question », solliciter la fondation de monastères destinés à l'apprentissage de la « langue des sarrasins et autres infidèles » [2], s'accorde au désir d'arrachement à lui-même et à sa propre corporéité clairement marqué dans l'écriture de la *Vie* par la dictée du récit de vie et la soustraction du sujet de l'écriture au lieu même de l'écriture.

Parvenu en ce moment de sa réflexion, Raymond, dit l'auteur de la *Vie*,

> le lendemain, se hâta de monter à l'église située non loin de là. Il y pleura de dévotion et pria instamment le Seigneur Jésus

1. Ernst Robert Curtius développe ces thèmes dans un chapitre « Le symbolisme du livre » dans *La littérature européenne et le Moyen Age latin*, t.2, Paris, Agora, 1986, p.19-34 (1ère édition Paris, PUF, 1956).
2. *Vie de Raymond*, 8.

> Christ de daigner mener à bien ces trois résolutions dont il avait été lui-même le miséricordieux inspirateur[1].

La notion de montée exprime un regard nouveau en Dieu. L'« inspiration véhémente », l'« ordre pressant d'écrire le livre » ne sauraient se passer de la montée physique dans un lieu saint et de l'adresse intime au Christ. Les voies de l'*Itinerarium mentis in Deum*, explique Bonaventure, consistent en *ascensiones*. Cette seconde illumination de Raymond suit l'événement de sa conversion et précède la montée dans une église et la prière au Crucifié. Ensuite, au jour de la fête de saint François d'Assise, Raymond, « frappé par l'exemple de saint François », est capable de se dépouiller de ses biens et de rompre ses attaches familiales et affectives. C'est là la première étape de son imitation du Christ et de la perte de soi : l'arrachement, la soustraction de soi au corps social auquel il appartient. Désormais « s'en remettant totalement au Christ », Raymond Lulle effectue de nombreux pèlerinages qui constituent autant d'épreuves solitaires de sa montée symbolique vers Dieu, de son *itinerarium mentis in Deum*.

II. *La peur de Raymond devant le sarrasin et la révélation de l'Art*

Lorsqu'il revient à Majorque, Raymond poursuit le dépouillement symbolique de lui-même, la perte de soi, à la suite du Christ. Son premier geste est d'abandonner ses vêtements élégants de chevalier majorquin. L'auteur de la *Vie* écrit :

> Il revêtit un habit des plus simples, taillé dans le drap le plus grossier qu'il put trouver. Et c'est dans cet accoutrement et dans sa propre ville qu'il se mit à étudier un peu la grammaire. Il acheta aussi un esclave sarrasin et apprit l'arabe avec lui[2].

Ayant fait du dépouillement et de la transformation de l'apparence de son propre corps la condition de possibilité de son aventure à la suite du Christ dans la recherche de la vérité, ayant ainsi perdu son identité originelle de chevalier majorquin, n'étant

1. *Vie de Raymond*, 8.
2. *Vie de Raymond*, 10.

plus reconnaissable ni reconnu par les hommes de son corps social, Raymond, selon la nouvelle logique de son être, décide d'étudier et surtout d'apprendre l'arabe, langue de l'étranger, de l'esclave et de l'infidèle. Se vouant à l'ouverture et à la perte de lui-même, il renonce à la seule pratique de sa langue et à la clôture rassurante de son identité chrétienne et catalane ; il se livre à l'Autre qui est le Christ mais qui est aussi l'infidèle. Neuf ans passent, pendant lesquels il pratique assidûment le travail intellectuel. Bien qu'il croie pouvoir accomplir son œuvre grâce à l'aide de Dieu, il tente cependant la voie de la « science acquise », selon les termes mêmes qu'il emploie. En plusieurs passages du *Livre de l'ami et de l'aimé*, il évoque cette difficulté et ce paradoxe.

> Disait l'ami que la science infuse vient de la volonté, de la dévotion et de l'oraison, et la science acquise de l'étude et de l'entendement. C'est pourquoi l'on demande laquelle est d'abord en l'ami, laquelle lui est plus agréable, laquelle est majeure en lui.
>
> Angoissé et en larmes allait l'ami à la recherche de son aimé par les chemins des sens et les voies de l'intellect. Et l'on demande lequel des deux chemins il prit d'abord, et dans lequel l'aimé se manifesta à l'ami avec la plus grande clarté[1].

L'auteur de la *Vie* ne dit rien sur les neuf ans. Puis le récit reprend :

> Neuf ans plus tard, il arriva que ce sarrasin blasphéma le nom du Christ, un jour que Raymond était absent. A son retour, Raymond l'apprit de ceux qui avaient entendu le blasphème. Animé d'un grand zèle pour la foi, il frappa le sarrasin sur la bouche, sur le front et la figure[2].

En blasphémant le nom du Christ, le sarrasin prononce à l'encontre de Raymond une parole de mort. Le Christ est en effet l'axe des événements de la vie de Raymond. Son expérience sensible, intime, du Crucifié est à l'origine de l'existence qu'il mène désormais ; son « amour très ardent du Crucifié », pour

1. *Le Livre de l'ami et de l'aimé*, versets 240, 351.
2. *Vie de Raymond*, 11.

reprendre l'expression bonaventurienne, constitue le chemin de Raymond vers Dieu, l'abri de son cœur et de son intelligence d'homme converti. La vérité de Raymond n'a sa pleine réalité que dans le Christ, Verbe de Dieu. Le blasphème du sarrasin, forme raffinée de la violence la plus extrême, met en question Raymond au point vital de son être ; il lui rappelle que, s'étant approprié une langue et un système de pensée dont le Christ est exclu, il risque désormais de désespérer de reconnaître un sens à sa vie. Il est ainsi véritablement une perversion de la parole. Il prouve à Raymond que la parole est autre que la simple circulation de mots entre des partenaires, car elle peut donner la vie comme la mort; il écrase ou nie dans le chrétien Raymond la possibilité d'advenir à sa propre existence de chrétien. En blasphémant le nom du Christ, le sarrasin substitue au Verbe de Dieu un parler impie, lui aussi destiné à se faire ouïr et à se faire écrire. Il nie que dans l'acte permanent de langage de la création rachetée Dieu soit le seul orateur infini par son Verbe exemplaire. Il tue véritablement Raymond par son blasphème.

Par cette perversion, le sarrasin montre ce qui est l'envers de l'humain dans l'homme, c'est-à-dire le monstrueux. Le sarrasin se transforme et devient tout autre que ce qui était attendu dans la familiarité de l'apprentissage de la langue ; tel est l'apparaître de l'altérité en son dédoublement, un autre qui est l'envers du visage pourtant familier. Le sarrasin était un visage, il se révèle comme un monstre. Aussi Raymond le frappe sur la bouche, le front et la figure : sur la bouche, parce que sa parole est une parole de mort, sur le front, parce que son intelligence est une intelligence de mort, sur la figure, parce qu'il est une figure sans visage, inverse du Christ venu sauver les pécheurs. Dans le blasphème du nom de celui qui s'est défini comme le chemin, la vérité et la vie, l'existence s'absente de son propre visage en s'absentant de soi ; elle est en marche vers la mort ; il est significatif que la parole du sarrasin ne puisse parler de mort qu'en l'absence de Raymond converti à l'existence par le Christ. Quel est le sens de la violence de Raymond ? L'auteur de la *Vie* parle de « zèle pour la foi » ; n'est-elle pas aussi le fait d'un être faible qui pense faire taire la douleur qu'il éprouve en humiliant l'autre en face de lui, effacer ainsi son inassurance et se prouver à lui-même qu'il existe ?

Dès lors, poursuit l'auteur de la *Vie de Raymond*, le sarrasin cherche à tuer Raymond.

> Il se procura un glaive en cachette et, apercevant un jour son maître assis tout seul, il se précipita sur lui à l'improviste, le frappant de son glaive, et dans un rugissement terrible il s'écria : Tu es mort ! Mais Raymond étant parvenu, grâce à Dieu, à repousser quelque peu le bras de l'assaillant, ne reçut qu'une blessure grave mais non mortelle, dans la région de l'estomac. Malgré cela, il triompha du sarrasin, l'étendit sous lui sur le sol et lui arracha violemment son glaive[1].

Le sarrasin, dans un cri féroce, un rugissement de bête, dit au présent à Raymond : Tu es mort ! et il le blesse à l'estomac. Cette scène n'est-elle pas très exactement l'inverse de la vision du Christ crucifié s'imposant à plusieurs reprises à Raymond par son douloureux silence et l'amenant à la conversion de son cœur et de son intelligence, grâce au Père des Lumières ? Le glaive qui transperce Raymond à l'estomac, siège des passions les plus répréhensibles de l'homme, contribue à le soustraire à lui-même et aux dangers de la corporéité et à lui permettre de s'avancer vers la possession aimante de la Vérité suprême et du souverain Bien. Dans ce corps à corps rivé au sol de Raymond et du sarrasin, il y a la lutte de Raymond et de ce qui est encore infidèle et charnel, blasphématoire et désespéré en lui et qui le retient à la terre. Et lorsque Raymond parvient àdominer son adversaire et à se relever, c'est aussi àsa propre pesanteur qu'il échappe ; Raymond est mort, certes, grâce au sarrasin pour mieux renaître à l'existence que lui donne le Christ. La parole que lui adresse le sarrasin est ici une parole de vie ; la mort est mise au service de l'affirmation de la vie. Comme saint Anselme au XIIe siècle, Raymond Lulle ne peut se passer de l'incroyant. L'incroyance s'insère étroitement dans le « fides quaerens intellectum ». Raymond sait ce qu'il doit au sarrasin qui a voulu sa mort :

> Il estimait sévère d'exécuter celui qui lui avait appris l'arabe, la langue qu'il avait tant désiré connaître[2].

1. *Vie de Raymond*, 12.
2. *Vie de Raymond*, 12.

L'exercice de l'existence suppose à la fois la présence de l'autre, puisqu'il faut bien qu'il soit là pour que s'exerce à son endroit la puissance de l'affirmation de soi, et son effacement, puisqu'il n'y a de puissance effective que si elle n'est pas contestée. Cette affirmation de soi est très paradoxale puisqu'elle a besoin de la présence de l'autre et puisqu'elle ne peut supporter que cette présence soit différente de ce qu'elle attend d'elle. La rencontre de l'autre s'inscrit dans un espace de violence.

> Ne sachant quelle décision prendre, il monta à une abbaye du voisinage et pria très instamment le Seigneur pendant trois jours[1].

Ainsi l'auteur de la *Vie* souligne que l'incroyant provoque Raymond à effectuer une montée, un *ascensus*, c'est-à-dire à se rapprocher de Dieu ; et les trois jours évoquent évidemment les trois jours qui séparent la mort du Christ de sa résurrection. La *Vida* en langue catalane précise que « l'abbaye du voisinage » est l'abbaye cistercienne Sainte-Marie de La Real, toute proche de la ville de Palma de Majorque ; il n'est donc nul besoin de gravir aucune pente pour s'y rendre. Après les trois jours, Raymond est toujours aussi perplexe ; il « redescend », rapporte la *Vie*, et se rend à la prison où il découvre que le sarrasin s'est pendu. Il remercie alors Dieu pour cette mort, pour cet effacement du sarrasin.

C'est après ce double événement dramatique de blasphème et de mort que Raymond Lulle, converti depuis plus de neuf ans, connaît l'illumination décisive de sa vie, sur la montagne de Randa, près de Llucmajor. Sur une autre montagne, le mont Alverne en Italie, saint François, l'homme spirituel par excellence, a reçu jadis les stigmates du Christ, et plus récemment (en 1259), sur ce même mont Alverne, saint Bonaventure a composé l'*Itinerarium mentis in Deum*[2].

1. *Vie de Raymond*, 13.

2. Bonaventure écrit l'*Itinerarium* en octobre 1259 ; l'univers lui paraît alors transfiguré par le Verbe incarné et il acquiert la clairvoyance dans le discernement des étapes du savoir chrétien, depuis l'expérience sensible jusqu'au seuil de la vision béatifique. L'illumination lullienne peut être daté des environs de 1274.

> Il gravit ensuite une montagne non loin de sa demeure pour être plus libre d'y contempler Dieu. Il n'y avait pas encore huit jours qu'il était là qu'un beau matin, alors qu'il se concentrait en regardant les cieux, le Seigneur illumina subitement son esprit et lui fit voir comment il aurait à composer son fameux livre contre les erreurs des infidèles [1].

De la dynamique de la science infuse et de la science acquise, du sensible et de l'intellectuel, peut surgir enfin le livre, signe durable dans lequel est révélé une connaissance. Mais qu'est-ce que le livre ?

Pour saint Bonaventure, la notion de *liber* signifie la présence d'une révélation, c'est-à-dire d'une illumination. Sa conception théologique fondamentale est sous-jacente à cette notion : l'homme créé par Dieu est ramené à son origine par un médiateur révélateur ; c'est le livre éternel de la science et de la sagesse de Dieu qui s'identifie avec la deuxième personne de la Trinité, qualifiée aussi de *Ars* divin, dans la mesure où le Fils est l'expression de toute la suffisance de sagesse et de puissance du Père pour créer le monde. Bonaventure affirme dans un sermon :

> Le livre de la sagesse est le Christ, écrit au-dedans auprès du Père, en tant qu'il est l'Art du Dieu tout-puissant, et écrit au-dehors, lorsqu'il prend chair. Ce livre n'a été ouvert qu'à la croix [2].

Or, descendant immédiatement de la montagne, Raymond se rend à l'abbaye qui est sans doute l'abbaye cistercienne de La Real

> ... pour y travailler à son livre, qu'il intitula d'abord *Art majeur*, mais par la suite *Art général* [3]. Plus tard, comme on le verra, il développa cet *Art* dans de nombreux livres dans lesquels il déduisait des principes généraux du premier d'autres plus particuliers, en les adaptant à l'intelligence des

1. *Vie de Raymond*, 14.
2. *Fer.* 6 *Parasc.*, *sermo* 2 (*Sermones*, Ed. Quaracchi, IX, 263).
3. Ramón Sugranyes de Franch signale dans son édition de la *Vie* citée plus haut que cette première version de l'*Ars magna* porte le titre d'*Art abreujada de trobar veritat*, traduite ensuite en latin, *Ars compendiosa*

gens simples et en se servant pour cela de l'expérience déjà acquise[1].

Ainsi désigné « Art » par Raymond, le livre qu'il écrit est le don d'une illumination, liée à son expérience intime du Christ Crucifié et Seigneur. Système de connaissance totale, l'*Art* est la Parole même du Seigneur et procède d'une expérience intime du divin. L'illumination requiert en effet la consistance de l'écrit; il y a une exigence transcendantale de « somatisation » de l'expérience de foi sous la forme du livre, véritable corps d'écriture. Raymond Lulle veut justifier rationnellement les mystères de la foi, mais il sait bien que la foi en la révélation est le point de départ indispensable de ses démonstrations. L'ordre de la vision commence par la foi, a affirmé déjà Anselme, et l'intelligence est un don que Dieu mesure à son gré. Dans la tradition franciscaine, Roger Bacon (1214-1292) déclare que toute philosophie procède d'une illumination divine, du souffle de l'esprit. Des hommes comme Joachim de Flore (1130-1202) ou Arnaud de Villeneuve (1238-1316) sont persuadés d'avoir reçu « l'esprit d'intelligence », « la révélation divine ». Cette même importance attachée à l'illumination divine se retrouve chez de nombreux penseurs de l'Islam, tel Ibn 'Arabî (1165-1240), né à Murcie et mort à Damas. Ibn 'Arabî considère par exemple que son livre *Les Gemmes des sagesses des prophètes* lui a été inspiré du ciel par le Prophète, dont la réalité métaphysique est le Logos ou Esprit Saint; son livre est une méditation spéculative des archétypes de la Révélation divine[2]. La théologie thomiste est aussi une science de la révélation, mais saint Thomas tend à réduire l'illumination au don d'un intellect ou d'une connaissance; l'exaltation de l'*intellectus* risque de se déployer chez lui au détriment du souffle de l'esprit, du *pneuma* biblique et paulinien.

L'*Art majeur* est le livre par excellence, et tous les autres livres écrits par Raymond après lui ne peuvent en être que des

inveniendi veritatem; il estime que c'est probablement le premier ouvrage rédigé par Raymond Lulle, bien qu'on en ait douté.

1. *Vie de Raymond*, 14.

2. Henry Corbin, *Histoire de la philosophie islamique*, Paris, Gallimard, Folio-Essais, 1986 : « Ibn 'Arabî et son école », p.407.

explicitations. Dans l'ordre du vrai et du bien on n'en peut concevoir de meilleur, puisqu'il est donné par Dieu ; en raison même de sa perfection, il est cause de tout ce que l'on peut trouver de vrai et de bien dans les autres livres qui en sont ainsi à la fois les reflets et les modes limités[1]. Un tel livre, comme Dieu lui-même, comme son Fils, ne peut être qu'unique. Il épuise l'espace scriptural, dans une impressionnante analogie avec le Fils, dont la théologie chrétienne affirme la parfaite égalité avec le Père et avec la Bible. Il constitue un point sublime où la nostalgie du parfait fixe son impatience sur un singulier, réputé exemplaire, qui accomplirait la miraculeuse coïncidence de ce qui est et de ce qui doit être. Par ce postulat d'excellence et d'unicité, l'écrivain Raymond Lulle se constitue comme le centre de l'univers.

Mais Raymond, parce qu'il s'est dépouillé de lui-même, parce qu'il a consenti à son existence chrétienne dans le Christ, sait que le sujet de l'écriture de son *Art* en est aussi l'auteur, à savoir le Christ. De même qu'il s'est soustrait au lieu de l'écriture par la dictée du récit de sa vie, de même il s'efface derrière celui qui lui a donné le livre sur la montagne et renonce à son autonomie. La révélation de son livre s'identifie à l'opération même qui consiste à « demeurer en Lui », Christ et Seigneur. Aussi Raymond, après avoir écrit le livre qui lui a été révélé, prie « le Seigneur jour et nuit ». L'auteur du livre de la *Vie* note :

> Quand il eut terminé son livre dans cette abbaye, il retourna sur la montagne et s'y fit construire un ermitage, à l'endroit même où ses pieds étaient posés lorsque le Seigneur lui avait montré la forme à donner à son *Art*. Il y séjourna pendant quatre mois et même davantage, priant le Seigneur jour et nuit de daigner dans sa bonté diriger ses pas et assurer le succès de

1. Tel est l'argument de la « quatrième voie » de saint Thomas en faveur de l'existence de Dieu : « Le plus et le moins, qu'il s'agisse de bien, de vrai ou d'être, se disent des choses selon leur diverse proximité à un maximum. Il y a donc quelque chose qui, au suprême degré, est vrai, bon et être. Or ce qui est maximum dans un genre donné est cause de tous les ressortissants de ce genre ». *Summa theologica, Prima Pars*, q.2, a.3. La transposition au livre par excellence faite par Raymond Lulle s'opère sans difficulté.

l'*Art* qu'il lui avait donné, pour l'honneur de Dieu et le bien de l'Eglise[1].

Ainsi c'est moins le mouvement même de l'écriture que son principe qui élève Raymond au présent du Christ. L'écriture du livre par Raymond s'inscrit entre deux *ascensiones*, entre deux mises en présence du Christ qui illumine. En effet, il ne peut y avoir langage sans la relation suppliante et aimante au Christ. Dans le *Livre de l'ami et de l'aimé*, Raymond montre que, dans la contemplation, la présence et le langage de l'aimé – qui est le Christ – sont liés :

> Demanda l'aimé à l'ami : Qu'est-ce que l'amour ? – Il répondit : La présence de l'image et des paroles de l'aimé dans le cœur soupirant de l'amant et le languissement par plaisirs et par pleurs dans le cœur de l'ami[2].

Le Christ est donc le principe de toute révélation; il est le médiateur entre Dieu et le monde créé. Dans l'*In Hexaemeron*[3], Bonaventure souligne que la relation entre le Père et le Fils est une relation entre parlant et parlé; mais la Parole du Père est en même temps celui qui écoute le Père, c'est-à-dire le Fils. La création a un caractère de parole, parce qu'elle a dans le Verbe éternel son exemplaire. L'homme converti, tourné vers Dieu, est l'image du Fils, en tant que parole créatrice achevée de Dieu; mais dans cette mission, il a besoin d'être illuminé toujours davantage par la Parole éternelle de Dieu. Compréhension de l'intelligible et expérience sensible du divin vont de pair. C'est pourquoi Raymond, ayant rédigé l'*Art*, monte à nouveau sur la montagne, priant pour que le Christ dirige désormais ses pas et assure le succès de l'*Art*. Aussi l'écriture du livre de la *Vie de Raymond* est attentive à montrer l'imbrication et l'interaction au sein de la conscience de Raymond de la perception du monde extérieur et de celle de la révélation signifiante.

C'est l'incarnation du Verbe et la réconciliation qu'il opère entre Dieu et l'homme par la folie de sa mort sur la croix qui

1. *Vie de Raymond*, 14.
2. *Livre de l'ami et de l'aimé*, 169.
3. *In Hexaem.*, col.3, n.4 (Ed. Quaracchi, V, 343).

restituent à l'homme son caractère de parole. L'*Art*, image du Verbe médiateur, à la fois parlé et écrit par excellence, peut désormais substituer à son écrivain Raymond Lulle qui a renoncé à lui-même et remis ses «pas» au Seigneur, d'autres convertis, paroles créatrices de Dieu, images du Verbe, sujets de la connaissance sensible et intelligente du Crucifié. Le langage est en effet une haute dignité, comparable à celle des trois puissances de l'âme qui sont l'entendement, la volonté et la mémoire, puisqu'il permet de prêcher et prier Dieu. L'auteur de la *Vie* rapporte :

> A la même époque Raymond obtint du roi qu'un monastère fût construit dans son royaume et pourvu de possessions suffisantes. Treize frères mineurs y furent installés en vue d'apprendre l'arabe pour aller convertir les infidèles, selon le plan que Raymond avait imaginé [1].

Ainsi le troisième et dernier souhait de Raymond, grâce au roi Jacques II de Majorque, connaît un début de réalisation comme le deuxième souhait : «composer également, Dieu aidant, le livre». Il ne reste plus désormais à Raymond qu'à obtenir l'effectuation de son premier vœu : mourir pour le Christ en convertissant les infidèles.

III. *La tentation de Gênes, la faible lumière et le choix de Raymond*

Mais Raymond, selon ce que rapporte l'auteur de la *Vie*, cherche d'abord à obtenir l'approbation du pape; il se rend successivement à Rome, puis à Paris et Montpellier, à nouveau à Rome.

> Il dirigea ses pas vers Paris pour y faire connaître au monde l'*Art* que Dieu lui avait inspiré [2].

A Rome, Raymond essaie d'obtenir du pape «la fondation de monastères destinés à l'étude des langues étrangères» mais il n'obtient aucun succès. A Paris, son *Art général* n'est pas bien accueilli. L'auteur de la *Vie* écrit alors :

1. *Vie de Raymond*, 17.
2. *Vie de Raymond*, 18.

> Après avoir bien réfléchi, il retourna à Gênes afin de s'y embarquer pour un pays des sarrasins[1].

Raymond est alors décidé à convertir les sarrasins «en leur montrant, selon l'*Art* que Dieu lui avait donné, l'incarnation du Fils de Dieu et le mystère de la Très Sainte Trinité des personnes divines dans l'unité de leur essence»[2].

Or, Raymond est célèbre à Gênes. Les gens savent qu'après sa «conversion à la vie pénitente», il a reçu «d'une façon miraculeuse, sur une montagne, une science sacrée capable de convertir les infidèles». La nouvelle de son départ chez les sarrasins se répand. Et Raymond «réjoui de cette joie du peuple», écrit l'auteur de la *Vie* avec un certain humour, se prépare à s'embarquer avec tous les livres qu'il a écrits pour expliciter son *Art*. Mais Raymond est trop célèbre et trop sûr de lui et de Dieu. Il se réjouit trop et le récit, jusque là édifiant, se casse. Raymond, riche de l'illumination qu'il a reçue et des livres qu'il a écrits, riche de sa réputation, devient soudain misérable. L'auteur compare cette inversion de situation à celle de Job, éprouvé par Dieu.

> Comme une aurore, le Seigneur lui envoya subitement, pour l'éprouver, une tentation des plus graves [3]... Raymond fut affligé d'une idée fixe, dûe à diverses circonstances. Il était persuadé que s'il allait chez les sarrasins, ceux-ci le tueraient dès son arrivée, ou pour le moins ils le mettraient en prison pour le restant de ses jours[4].

Grisé par sa propre renommée dans la ville de Gênes, Raymond croit qu'il a la même renommée en terre d'Islam; présumant de son efficacité et de sa gloire chez les infidèles, il est en proie à la faiblesse et à la peur et devient objet de dérision. Après l'avoir comparé au misérable et magnifique Job, tenté par Dieu, l'auteur de sa *Vie* le compare à l'apôtre Pierre, qui fut à la fois celui qui renia le Christ et le premier des apôtres.

1. *Vie de Raymond*, 19.
2. *Vie de Raymond*, 19.
3. Job, 7, 18.
4. *Vie de Raymond*, 20.

> Aussi, craignant pour sa peau comme autrefois l'apôtre Pierre à la passion du Seigneur et oubliant son propos antérieur de donner sa vie pour le Christ en allant convertir les infidèles, il demeura à Gênes retenu par une peur paralysante. Dieu l'abandonnait à lui-même, sans doute pour l'empêcher de présumer sottement de ses propres forces [1].

Car c'est bien d'une peur très charnelle qu'il s'agit ici. Le corps de Raymond résiste à l'arrachement, à la perte à laquelle il a été voué avec tant d'évidence, au sacrifice. Ayant peur du martyre, Raymond est persuadé qu'il renie le Christ qui l'a amené à l'existence en lui montrant son corps défiguré par la mort horrible sur la croix et en lui donnant le désir d'imiter le don de sa vie ; refusant le mouvement du départ, de l'arrachement, du don, il s'éloigne de celui qui est la vie. Raymond tombe alors gravement malade dans son corps et dans son âme ; resté à Gênes, il est au bord de la mort. Ayant craint l'emprisonnement « pour le restant de ses jours », le voici immobile, figé en son corps, enfermé « fort longtemps » dans un hospice.

> Raymond croyait fermement que Dieu le damnerait pour cette faute. Il en eut un tel chagrin dans son âme, que même son corps en devint gravement malade d'une grosse fièvre. N'osant dire à personne la cause de son mal, il languit fort longtemps à Gênes et fut réduit à la dernière extrémité [2].

La tentation de Raymond consiste en l'expérience de la perte de sens, c'est-à-dire du désespoir et de la conviction de sa propre damnation. Raymond, malade, ne peut plus se tenir debout ni bouger ni exister. Il est extirpé par cette expérience d'une situation de coïncidence avec le monde et avec Dieu, d'une situation d'un sens donné une fois pour toutes. La présomption de Raymond ne consiste-t-elle pas dans l'ignorance de l'irrémédiable distance par rapport àla Parole autre, la Parole de la Révélation, dans la croyance que le sacrifice de son corps peut abolir la distance qui sépare de Dieu et du monde, dans l'idolâtrie ou la fétichisation ? N'a-t-il pas cru trop facilement ou trop rapidement, avant d'avoir posé aucune question, que la vérité lui avait

1. *Vie de Raymond*, 20.
2. *Vie de Raymond*, 20.

été révélée une fois pour toutes sur la montagne de Randa, que le fait que sa vie avait un sens allait de soi ? Or, voici que l'expérience d'une perte et d'un manque inattendus institue pour Raymond un espace d'expérimentation nouvelle, le jour de la Pentecôte. L'auteur de la *Vie de Raymond* rapporte :

> Finalement, le saint jour de Pentecôte, il se fit conduire ou plutôt porter dans l'église des Frères Prêcheurs. Quand il entendit les frères entonner l'hymne *Veni Creator*, il gémit en lui-même et soupira : « Hélas ! Le Saint Esprit ne pourrait-il me sauver ? » A bout de forces, on l'aida à se traîner jusqu'au dortoir des frères, où il se laissa choir sur un lit[1].

Le jour de la Pentecôte est le jour où l'Esprit franchit la distance, où il y a relation dans la distance entre Dieu et l'homme, et non confusion ou coïncidence. Les rapports de Dieu à l'homme et les rapports de chaque homme au monde ou à l'autre homme peuvent être alors envisagés en termes de paroles et non de sacrifice ou d'arrachement à soi-même. L'Esprit ménage un intervalle entre l'homme et Dieu, entre l'homme et le monde, et rappelle que le sens est dans l'ouverture, dans la compréhension qui n'est pas prise, dans le mouvement vers. Faisant l'expérience de l'épuisement, de l'anéantissement, Raymond, qui se fait porter dans l'église et invoque l'Esprit, instaure la possibilité d'un dynamisme de signification qui est l'essence même de la vie, de l'existence, devenir incessant, surpassement de soi-même, perfectibilité. C'est à partir de sa situation de perte de sens que se produit la possibilité d'une réévaluation incessante des sens du monde ; la perte de sens est ici un moment de crise qui fait comprendre et vivre un nouveau rapport au monde et à Dieu et retrouver dans cette distanciation permanente la possibilité de se rapporter au monde et à Dieu.

Raymond voit « au sommet de la voûte » de la pièce où il est prostré « une petite lumière, semblable à une faible étoile » et il entend une voix qui sort de l'étoile : « Dans cet Ordre, tu pourrais être sauvé ». Il demande aussitôt à prendre l'habit dominicain. Mais le prieur est absent. Raymond rentre alors dans son hospice et il se rappelle que les Franciscains ont mieux apprécié

1. *Vie de Raymond*, 21.

son Art que les Dominicains. Il voit alors sur le mur la corde dont se ceignent les Franciscains, puis, « au-dessus de lui », il revoit « la lumière, cette faible étoile » et il entend à nouveau sa voix, menaçante : « Ne t'ai-je pas dit que tu ne pourrais être sauvé que chez les Frères Prêcheurs ? Pense donc à ce que tu dois faire ! [1] ».

La lumière de la faible étoile est bien différente de l'illumination prodigieuse de la montagne de Randa. Même si le Christ demeure le sens qui structure Raymond et lui donne d'exister, il y a désormais effacement de tel ou tel sens particulier de son existence. Raymond apprend que le monde n'est jamais une évidence pour l'existence chrétienne et qu'il faut que se produisent ruptures, brisures dans le programme d'existence qu'il a trop clairement établi, afin qu'il n'y ait pas risque d'acceptation passive, de domination ou de possession. Or la tentation de Gênes, cette peur du sacrifice du corps, du martyre dont Raymond avait fait avec enthousiasme et aplomb le premier point de son programme, ne fait que compléter les difficultés récemment éprouvées par Raymond pour l'accomplissement des deuxième et troisième points ; elle fait voler en éclats le programme de Raymond. Tout dépend de Raymond, désormais, la donation du sens comme l'expérience de la privation de sens : tel est le message de la « faible » étoile qui troue, perce le récit jusque là parfaitement édifiant – et conforme aux autres *vitae sanctorum* – de la vie de Raymond, comme elle troue le sommet de la voûte.

Que dit l'étoile à Raymond qui gît, sans forces ? De vêtir son corps épuisé d'un habit symbolique, garant au conditionnel – tu pourrais être sauvé – de sa relation avec Dieu. Mais parce que l'étoile est faible, à la fois lumineuse et voilée, source de révélation et de mystère, menaçante, énigmatique, Raymond s'ouvre soudain à la problématicité. Il demande d'abord l'habit dominicain, mais il choisit en fin de compte l'habit franciscain, malgré la menace de l'étoile. Rappelons ici le parallèle strict que le thomisme établit entre l'habit et l'*habitus*. Celui qui porte un habit doit se plier à une manière de vivre spéciale. Lorsque le sens commun déclare que l'habit ne fait pas le moine, il rappelle *a contrario* que traditionnellement l'habit et le moine ne font qu'un.

1. *Vie de Raymond*, 22.

L'habit suppose un travail sur soi-même ; il est facteur d'agrégation sociale. En choisissant l'habit franciscain et l'*Art* qui est un système de connaissance rationnelle, Raymond choisit le contexte de la liberté de choix. Sa responsabilité est liée à la possibilité de s'ouvrir aux résonnances inattendues du sens. Mais en choisissant aussi l'habit franciscain et la damnation, il affirme qu'il ne se contente plus d'un rôle imposé. Il est désormais un homme révolté, qui saisit la faible étoile comme un signe, un appel, une étape dans un processus infini de désignation, de donation de sens. N'est-ce pas le questionnement même de Raymond, marquant une rupture dans le livre de sa vie, qui fonde sa dignité d'homme et sa responsabilité ? Après la tentation de Gênes, la vie de Raymond ne sera plus une *Vita* semblable à toutes les autres *Vitae sanctorum*. Le voilement de l'étoile lui donne la liberté de construire le sens de son histoire, ce qui n'implique nullement pour lui le rejet de l'intervention du divin dans son histoire, l'illumination de Randa demeurant le moment essentiel de sa vie. Mais peut-être que le dialogue avec le divin commence précisément pour Raymond au moment même où le monde et Dieu deviennent problématiques, ambigus. Alors se fait jour pour Raymond l'exigence de chercher qui s'était perdue dans la croyance d'une présence continue, d'un sens donné une fois pour toutes.

> Ainsi donc, considérant d'une part qu'il s'exposait à la damnation s'il n'entrait pas chez les Frères Prêcheurs et d'autre part que son *Art* et ses livres seraient perdus s'il ne demeurait pas chez les Mineurs, Raymond choisit – chose étonnante – sa propre damnation éternelle plutôt que de laisser se perdre l'*Art* qu'il avait reçu de Dieu pour le salut d'un grand nombre et surtout pour l'honneur de Dieu lui-même[1].

Raymond choisit l'*Art*, qui est aussi le Christ qui lui donne d'exister, et sa damnation, ce qui est, semble-t-il, tout à fait paradoxal. Car c'est la crainte et la conviction de cette damnation, après le refus de la perte corporelle, qui l'a amené àl'expérience de la perte du sens. Ayant expérimenté la perte de sens, ayant trouvé un nouveau sens à partir de la brisure, de la rupture, Raymond accepte de se dessaisir de lui-même jusqu'à l'éloigne-

1. *Vie de Raymond*, 23.

ment le plus radical de Dieu, jusqu'à la perte même de cette existence que le Christ lui a donnée. Pour l'*Art*, il accepte de rendre son existence, de ne pas se posséder, d'être damné, c'est-à-dire de n'être pas. Il demande alors l'habit franciscain, mais on le lui refuse.

Considérant qu'il va mourir et qu'il est damné, Raymond décide de se confesser « en apparence » et de faire son testament, « afin que ni les Frères ni le peuple ne le prissent pour un hérétique ». Un prêtre lui apporte alors le corps du Christ :

> Raymond sentit comme la poussée d'une main d'homme qui lui faisait tourner la tête vers l'épaule droite. Il lui sembla que le corps du Christ, présenté par le prêtre, se dirigeait au même moment vers le côté opposé, vers son épaule gauche, en lui disant : « Tu souffriras une peine appropriée, si tu me reçois ainsi à présent ». Mais Raymond demeura ferme dans sa décision de se faire damner éternellement plutôt que d'empêcher par son mauvais exemple la divulgation de l'*Art* révélé pour l'honneur de Dieu et le salut d'un grand nombre. Il sentit de nouveau une main d'homme qui lui remettait la tête droite. Apercevant dans cette position la sainte hostie tenue par la main du prêtre, il se jeta de son lit à terre et lui baisa les pieds. Il reçut alors le corps du Christ afin de sauver, au moins par cette dévotion feinte, l'*Art* susdit[1].

De ce récit tout à fait étonnant, dans la mesure où le souci dominant des hommes de l'époque de Raymond Lulle est le salut de leur âme, ressort l'incertitude objective de Raymond, face au monde, face à l'Autre de lui-même qui est Dieu. Telle est ici posée la question de l'hérésie : serait-ce un mouvement d'incertitude, de va-et-vient ? En face du corps du Christ, sacrement de vie et de rédemption, Raymond, qui considère avoir rendu et perdu l'existence qui lui a été donnée pour que l'*Art* sauve un grand nombre d'hommes, hésite. Il se sent tourné vers la droite puis vers la gauche, menacé, incapable de trouver le repos du choix, voué, en fin de compte, à faire semblant de choisir, à faire semblant d'être sauvé en recevant dans son corps le corps du Christ. Or, que dit précisément l'auteur du livre, ne craignant pas de comparer

1. *Vie de Raymond*, 24.

Raymond au soleil, dans le long commentaire qui suit ? C'est que le mouvement de l'incertitude de Raymond est le signe de sa relation d'amour à Dieu et au monde et que son désespoir est « admirable » (l'auteur de la *Vie* emploie ce terme à deux reprises). C'est parce que Raymond Lulle n'est soudain plus assuré de sa relation à Dieu qu'il y a pour lui relation avec Dieu. L'expérience douloureuse de la distance à l'égard de Dieu, produite par l'expérience de la perte du sens, est la fécondité même. Il se produit pour Raymond une distance à l'égard de son propre présent ; il a désormais la possibilité, non pas de ressaisir tout ce qu'il aurait pu être, mais de ne plus regretter l'occasion perdue du départ devant l'infini illimité de l'avenir. Après l'échec de l'arrachement à soi-même, Raymond se reprend à l'aventure de l'existence en Dieu.

Hésitant entre l'habit dominicain ou franciscain, sans que l'un ou l'autre ne soit finalement revêtu, hésitant devant la communion sacrilège, avant de se prosterner devant le corps du Christ et de communier effectivement, Raymond se donne la possibilité de prendre pour fondement de son action que le monde reste ouvert au choix et à la raison de l'homme. Affrontant l'événement du choix et les risques qu'il comporte, il veut l'impossible, ce qui ne signifie pas qu'il a la possibilité de dire ou de faire n'importe quoi, mais qu'il sort de l'opposition des valeurs toutes faites (bien /mal) en se donnant la possibilité de créer une nouvelle réalité, de faire surgir de nouveaux possibles. Les oppositions de valeurs toutes faites se donnent toujours à voir de manière évidente et nécessitent le moins d'effort de jugement et de courage. En choisissant d'une part l'*Art* qui est le Christ et d'autre part sa propre damnation, Raymond veut véritablement l'impossible ; il s'écarte des oppositions toutes faites de valeurs ; il prouve son jugement et son courage. Ainsi la tentation de Gênes ressort de ce que j'appellerais volontiers une poétique de l'impossible.

> Tentation admirable ou plutôt, dirait-on, faveur d'une épreuve divine ! Autrefois Abraham le patriarche crut espérant contre toute espérance (Rm 4, 18). A présent, Raymond tient fermement à faire passer avant son propre salut cet *Art* ou cet enseignement par lequel beaucoup d'âmes seraient amenées à connaître, àaimer et à servir Dieu. Comme le soleil demeure toujours aussi ardent, même s'il est obscurci par les nuages,

> ainsi Raymond, en désespérant de Dieu d'une façon admirable dans une certaine nuit de l'esprit, prouva qu'il aimait Dieu et son prochain à cause de Dieu infiniment plus que soi-même. Ce qui précède le montre avec évidence[1].

Ce discours constitue une très nette rupture dans l'écriture même du livre de la *Vie de Raymond.* L'auteur, qui se trouvait auparavant à la fois caché derrière le récit dicté et autorisé par Raymond et caché derrière le modèle littéraire de la vie édifiante, prend la parole en se manifestant d'abord par une incise (*Vie*, 23), puis par le long discours cité ci-dessus. Désormais il intervient fréquemment par des citations de la Bible qui constituent autant de commentaires des actes, des paroles et des pensées de Raymond Lulle, cependant que les références implicites aux traités théologiques et spirituels de l'époque disparaissent; en même temps, il enchâsse dans son texte les propres paroles de Raymond Lulle. Ainsi deux sont désormais présents dans le livre de la *Vie de Raymond* : Dieu, par les citations de ses Ecritures saintes, et Raymond, par celles de ses écrits. Raymond ne se construit plus désormais, en tant que sujet du récit dicté de sa vie, que dans sa propre parole ou, même à son insu, dans celle de Dieu qui lui a donné l'*Art.* Dès lors, il est clair que la fin du livre de la *Vie* ne saurait rien combler; elle introduit l'espace, la distance, l'intervalle; elle s'oppose à tout langage fabriqué, elle ébranle le déjà parlé.

Cependant, Raymond demeure malade du corps et de l'âme et, seule, l'annonce du prochain départ d'un bateau pour Tunis peut le sortir de son «profond sommeil», dit le texte. N'est-ce pas précisément la possibilité même de l'avenir qui se rencontre dans le sommeil qui est amémorisation, oubli du sens donné? Contre le conseil de ses amis, Raymond parvient alors à s'embarquer «avec ses livres et ses effets nécessaires». Dès qu'il a quitté Gênes, dès qu'il se trouve dans l'espace de la mer, Raymond est aussitôt guéri :

> Il se sentit brusquement tout joyeux dans le Seigneur et réconforté par la miséricorde du Saint Esprit... si bien qu'en très peu de jours et au grand étonnement de ceux qui s'étaient

1. *Vie de Raymond*, 24.

> embarqués avec lui, comme de lui-même, il se sentit aussi bien portant au moral et au physique qu'il l'avait été pendant toute sa vie [1].

Ainsi est libérée l'énergie de Raymond de l'étreinte du corps, de la vie, du présent de la vie qui est aussi la mort et le salut; en relation avec Dieu, le sujet Raymond ne peut plus arrêter sa marche en avant. Le chemin dans l'eau de la mer est trace, sillage, mais non mémoire, sinon mémoire d'un passé tout proche aussitôt effacé. On ne peut désigner le chemin parcouru dans la mer, il y a effacement progressif de la possibilité de mémoire. N'est-ce pas parce que la vérité de Raymond Lulle, existant dans le Christ, est celle de la marche ? D'où la joie et la force qu'il éprouve sur le bateau. Raymond fait enfin l'expérience de l'arrachement, de l'étrangeté, de l'existence en un mot. Le chemin sur la mer, après la tentation de Gênes, élaboré dans la recherche et le questionnement issu d'une incertitude, déploie un espace d'existence, un projet de monde dans lequel la seule valeur positive est celle de l'écart et de la séparation.

IV. *L'épreuve du voyage et de la perte*

A deux reprises, nous apprend le récit, Raymond se rend chez les sarrasins, d'abord à Tunis, ensuite à Bougie, à l'Est puis à l'Ouest de la Méditerranée, selon une oscillation semblable à celle de son propre corps hésitant devant le corps du Christ. Il s'efforce de convertir les infidèles par des arguments convaincants, qu'il appelle des «raisons nécessaires». Le premier discours inclus dans le récit est plus particulièrement christologique et Raymond se réfère à son *Art* pour évoquer sa grande doctrine des dignités divines. Ainsi :

> Les actes, dis-je, de la bonté sont de pouvoir causer la bonté (le bonificatif), de pouvoir devenir bon (le bonifiable) et de rendre bon (le bonifier)... et ainsi de suite pour toutes les autres dignités divines... [2].

1. *Vie de Raymond*, 25.
2. *Vie de Raymond*, 26.

> Cela je puis vous le démontrer clairement, avec l'aide de Dieu, en me servant d'un certain *Art* qui fut révélé d'une manière que l'on croit divine à un ermite chrétien. Du moins si vous consentez à discuter avec moi d'un cœur tranquille pendant quelques jours. Il vous apparaîtra par ce même *Art*, si vous voulez, et par les meilleurs arguments, comment la cause première et suprême concorde et convient le plus raisonnablement du monde avec son effet dans l'incarnation du Fils de Dieu, c'est-à-dire dans l'union du créateur et de la créature dans l'unique personne du Christ. Vous verrez aussi comment cette vérité apparaît avec le plus de force et de noblesse dans la passion que ce Fils de Dieu Jésus Christ, par choix volontaire et par pitié, a voulu endurer dans la partie d'humanité qu'il avait assumée, pour nous racheter, nous pécheurs, du péché et de la corruption de nos premiers parents[1].

Ce discours n'est pas sans rappeler très exactement les arguments développés par le sage chrétien dans l'un des premiers livres écrits par Raymond Lulle, le *Livre du Gentil et des trois Sages*. Dans le second et dernier discours inclus dans le récit de vie, Raymond veut «prouver l'existence de la Trinité» :

> Dieu le Père, bon par excellence, engendre de sa bonté le Fils également bon, et de tous les deux procède le Saint Esprit, bon lui aussi[2].

Le roi de Tunis comme le grand muphti de la ville de Bougie emprisonnent Raymond et décident de le faire mourir. Dans le premier cas, Raymond est rapidement expulsé de la ville ; dans le second cas, il passe «une demie année» en prison en continuant à discuter avec les sarrasins et en écrivant un livre en langue arabe, puis il est chassé de Bougie. Entre les deux voyages, Raymond tente à nouveau d'intéresser le pape à ses projets, mais il n'en obtient rien. Il se rend ensuite à Gênes, Majorque et Chypre. L'auteur de la *Vie* souligne son activité incessante d'écriture de livres et cite à son propos plusieurs versets bibliques. Par exemple :

1. *Vie de Raymond*, 27.
2. *Vie de Raymond*, 37.

> Il médita d'un cœur attentif cette parole de l'Apôtre (Ga 6, 9) : Ne nous lassons point de faire le bien; en son temps viendra la récolte, si nous ne nous relâchons pas; ou encore celle du prophète (Ps. 125, 6) : On s'en va en pleurant, on porte la semence; on s'en vient en chantant, on rapporte les gerbes[1]... Confiant alors en celui qui donne grande puissance àceux qui annoncent l'évangile (Ps. 67, 12), il commença hardiment ses sermons et ses disputes avec l'aide de Dieu seul[2].

Car Raymond n'a plus peur de la mort. A Tunis, il quitte en cachette le bateau qui doit le ramener à Gênes, car il n'a qu'un désir, poursuivre sa tâche de prédication. A Bougie, il dit au muphti :

> Le vrai serviteur du Christ qui a compris la vérité de la foi catholique ne doit pas craindre la mort corporelle quand il veut procurer aux âmes des infidèles la grâce de la vie spirituelle[3].

En même temps il est remarquable que Raymond ne se dénomme plus lui-même «Raymond», mais «le vrai serviteur du Christ». Et l'auteur, à plusieurs reprises, use d'une semblable dénomination, quand il veut souligner que Raymond est complètement détaché de la vie et des souffrances corporelles. Ainsi, lorsque Raymond, épuisé par son enseignement, tombe gravement malade à Chypre :

> Deux hommes le soignaient, un clerc et un domestique, qui oublieux de la présence de Dieu et de leur salut complotèrent de dépouiller l'homme de Dieu avec leurs mains criminelles. Raymond s'aperçut qu'ils étaient en train de l'empoisonner et sans colère il les renvoya de son service[4].

Le lien entre la présence de Dieu et le corps menacé de mort de l'homme de Dieu est tout à fait net dans ce passage. L'épisode se situe en contrepoint de la lutte corps à corps de Raymond et du sarrasin, qui a précédé l'illumination de Randa. Mais ici Raymond

1. *Vie de Raymond*, 33.
2. *Vie de Raymond*, 34.
3. *Vie de Raymond*, 36.
4. *Vie de Raymond*, 34.

est sans colère, parce qu'il est désormais soustrait à toute possibilité de passion corporelle. Egalement, lorsqu'il est menacé, battu, gifflé, barbe arrachée, enfermé dans les latrines de la prison, il demeure inébranlable : « homme de Dieu fondé sur le rocher (Mat. 7, 25 ; Luc 6, 48) », écrit l'auteur de la *Vie*.

Raymond est alors prêt pour la perte ultime, définitive. Au cours du voyage qui le ramène de Bougie vers Gênes, son bateau subit une violente tempête. Raymond parvient à se sauver avec un compagnon et à gagner le rivage de Pise. Mais, selon le récit :

> Tous ses livres et effets étaient perdus et c'est à demi nus qu'ils arrivèrent au rivage, sur une petite barque[1].

La perte de la multiplicité des livres se joint ici à l'extrême péril encouru par le corps de Raymond, livré à la violence de la mer. Immédiatement, le récit enchaîne :

> Là malgré son grand âge et sa faiblesse, l'homme de Dieu, toujours aussi décidé à travailler pour le Christ, termina son *Dernier art général*[2].

Ayant inauguré de manière radicale le comportement qui consiste à la fois à être dégagé du monde et du déterminisme de sa propre écriture et àêtre ardemment engagé auprès du Christ, parce qu'il a renoncé à tout et tout perdu, Raymond est bien l'homme de Dieu, l'Autre de lui-même, et c'est pourquoi il peut « terminer » le livre, l'*Ars generalis ultima*, forme définitive de l'*Art* lullien, appelé communément *Ars magna*. Mais où a-t-il donc commencé ce « livre digne d'avoir une immense efficacité et d'être connu et goûté de tout le monde »[3], si ce n'est dans l'éclatement du sens de son existence, dans la mer tumultueuse devenue bouillonnement de chemins, dans la perte de ses livres et de son corps naufragé, dans un véritable choc sémantique ? L'Autre qui est Dieu, qui est le Christ, qui est l'Art, vient faire brèche dans Raymond Lulle, vient faire éclater son identité ; il y a brèche, rupture mais aussi véritable rapt de Raymond par le Christ,

1. *Vie de Raymond*, 41.
2. *Vie de Raymond*, 41.
3. *Vie de Raymond*, 41.

violence de l'Autre qui met en question, qui empêche le soi de s'identifier à lui-même, qui lui interdit de vieillir.

Mais alors que tout est supposé accompli, une soudaine rupture de ton se produit dans le récit qui nous apprend que

> Raymond voulut encore inciter la communauté des citoyens de Pise au service du Christ. Il les engagea vivement à constituer un ordre de religieux-soldats chrétiens qui auraient pour tâche de combattre sans trêve les infidèles sarrasins afin de récupérer la Terre Sainte[1].

Puis Raymond se rend à Avignon auprès du pape. Ensuite, il entreprend de réfuter à Paris les thèses d'Averroès

> par voie démonstrative et scientifique... et de diverses manières il les laissait incapables de répondre[2].

Enfin il décide d'aller au concile de Vienne en octobre 1311[3]

> pour obtenir trois choses intéressant la vraie foi. La première, l'établissement d'une maison propre à recevoir des hommes pieux et intelligents pour y étudier les langues étrangères... La deuxième, la réunion en un seul ordre de tous les religieux-soldats chrétiens pour faire une guerre incessante aux sarrasins outre-mer jusqu'à la reconquête de la Terre Sainte. La troisième enfin, une action rapide contre la doctrine d'Averroès, qui déforme la vérité en plusieurs points...[4].

Ayant terminé l'*Art*, Raymond ne saurait être l'homme de la certitude ; il est désormais l'homme du vouloir, du désirer, du changer. Homme de Dieu, il refuse de s'illusionner dans une quelconque perfection ; pour lui, il y a toujours des combats

1. *Vie de Raymond*, 42.
2. *Vie de Raymond*, 43.
3. Le concile s'est ouvert le 1er octobre 1311 à Vienne et a duré jusqu'en mai 1312. Raymond Lulle lui a adressé une *Petitio Raymundi in concilio generali ad acquirendam Terram Sanctam* et toute une série de propositions reprenant ses projets sur la mission, la croisade et la réforme de l'Eglise. Plusieurs de ses demandes, notamment celle concernant les collèges de langues, ont été recueillies dans le canon XI du concile (*Corpus juris canonici*, *pars* II, *Decretalium collect.*, *Constit. clementinae*, *lib.* V, *tit.* I, *const.* I).
4. *Vie de Raymond*, 44.

à mener, des possibilités de défaites à envisager. Aussi institue-t-il un espace où il peut déployer sa non-appartenance à un déjà dit ni à quiconque, s'affronter à la contingence menaçante du réel du monde. Cet espace est politique et donc polémique, toute dialogique de fonctionnement comportant des antagonismes. Raymond doit « vivement » persuader les citoyens de Pise, persuader le pape, persuader les partisans d'Averroès, persuader le concile. Voulant établir une maison de missionnaires prédicateurs, constituer un ordre unique de religieux-soldats, combattre les « doctrines contraires à la vérité et à la sagesse incréée, le Fils éternel de Dieu le Père », il est bien loin de son premier programme et, surtout, il affirme sa volonté de surgissement des conflits, de leur surgissement et de leur activité.

De même que l'auteur de la *Vie de Raymond* ne dit rien sur le succès du *Dernier art général*, également pour chaque proposition de Raymond il ne mentionne aucun résultat; il signale seulement que, si les villes de Pise et de Gênes sont acquises aux idées de Raymond, le pape une fois encore refuse de l'écouter et il ne dit rien des succès de Raymond au concile. La politique n'est-elle pas précisément l'espace d'apparaître de chacun, l'espace de cet arrachement qui ouvre à la vérité ? Il n'y a de monde commun qu'aussi longtemps que des individus en débattent. Selon cette logique, le récit de l'histoire de Raymond Lulle prend fin sur une double incertitude objective, sur la tension entre des instances opposées, sur la prise en charge responsable du monde par un être présent et parlant, Raymond Lulle.

Dans le récit Raymond ne meurt pas. Si pour lui exister, c'est être ouvert, questionner, se perdre et se retrouver à partir d'un principe qui est le Christ, alors il lui faut inlassablement innover, chercher, se déplacer dans l'existence et dans l'écriture de sa vie. Devenant pure énigme, il est inévitable qu'il diffère sa présence; il se soustrait au risque de la définition historique. La conclusion du livre de la *Vie de Raymond* ne parle plus de Raymond, mais seulement du Serviteur de Dieu; elle est tissée de citations bibliques. Ainsi :

> Ce Serviteur de Dieu, authentique hérault de la suprême vérité et de la très haute Trinité, écrivit au milieu de ses labeurs

quotidiens cent-vingt-trois livres et même davantage[1]. Quarante ans s'étaient déjà écoulés depuis qu'il avait consacré son cœur, son âme, son esprit et toutes ses forces au service de Dieu (Mt 22, 37 ; Mc 12, 30). Pendant tout ce temps il écrivit des livres chaque fois qu'il en eut le loisir. A juste titre il aurait pu prononcer les paroles du prophète David (Ps 44, 2) : Mon cœur a frémi de paroles belles, j'ai à faire entendre mon œuvre au roi ; ma langue est le roseau d'un scribe agile... celui dont le Sauveur disait à ses apôtres (Mt 6, 20) : ce n'est pas vous qui parlerez, mais c'est l'Esprit de votre Père qui parlera en vous[2].

Ce « Serviteur de Dieu », expression qui évoque le serviteur souffrant du prophète Isaïe, est le hérault de la suprême vérité, c'est-à-dire du Christ, et de la Sainte Trinité, par tous les livres qu'il a écrits et par les discours qu'il a prononcés et qui sont inclus dans le récit de la vie de Raymond Lulle. Sa parole est celle de l'Esprit Saint donné à la Pentecôte, jour où précisément Raymond a vu la problématique étoile et choisi de vouloir l'impossible, c'est-à-dire d'être à l'infini, d'accepter l'altérité et l'altération de soi comme irréductibles, d'être pour les possibles. Le livre marque ainsi comment s'effectue en fin de compte l'acceptation véritable par Raymond de la révélation qui lui a été lumineusement donnée sur la montagne de Randa à l'entrée de sa vie. Et lorsque la conclusion déclare que « il » a écrit plusieurs livres en langue arabe et que ses livres « répandus un peu partout dans le monde » ont été rassemblés par lui « principalement en trois endroits », ce qui est apparemment paradoxal, il est soudain clair que, dans cette reconnaissance de l'altérité par les livres et dans cette ouverture ultime à l'autre en trois termes, se marque ou se donne à lire le renvoi ultime de Raymond au Dieu trinitaire auquel il a engagé son existence.

Il n'y a alors même plus le Serviteur de Dieu, mais seulement les livres trinitairement répartis. Raymond est renvoyé. La rupture du livre par le renvoi de Raymond engage une poursuite du livre mais dans le sens où tout n'est plus écrit, tracé, déterminé ; elle signifie la poursuite du livre à inventer, à frayer. Ainsi

1. *Vie de Raymond*, 44.
2. *Vie de Raymond*, 45.

le livre de la *Vie* comme le chemin sur la mer, lorsque Raymond se sent tout joyeux en quittant Gênes ou lorqu'il est livré à la violence de la tempête, déploie pour le lecteur un avenir qui délie d'une parole rendue déjà stérile par l'habitude. Le livre de la *Vie de Raymond* est bien l'histoire d'une perte ou plutôt d'un renvoi, celui de Raymond qui ne peut être sujet écrit de son existence que s'il est perdu, c'est-à-dire renvoyé de sa propre vie à l'Autre – « la très haute Trinité » –, selon une dynamique fondamentale qui fait que l'homme converti, s'il veut être un sujet et l'image du Dieu trinitaire, doit vivre dans un vaste mouvement d'échange et de variation, d'invention du monde et d'invention de soi. Sur ce renvoi – et sur ce renvoi seulement, non sur la mort – s'achève nécessairement le livre de la vie de Raymond. La qualification de « contemporaine » appliquée par l'écrivain, avec l'autorisation de Raymond, à la vie de Raymond Lulle acquiert ainsi toute sa portée : elle marque bien que cette vie n'est jamais passée, que de nouvelles choses peuvent toujours advenir, qu'aucun jour n'est la répétition du précédent, que cette vie n'est pas imitable comme les Vies des saints closes par des martyres sanglants et données à l'« imitation » des fidèles par leurs prêtres, mais qu'elle porte en elle-même une exigence de l'inimitable.

Ainsi est reportée vers un horizon toujours plus éloigné cette revendication d'un soi absolu de Raymond qui serait une fois pour toutes ; Raymond est au-delà de ce qui pourrait le déterminer ; soustrait dès le départ de l'écriture au lieu même de l'écriture du livre de sa vie, il se situe aussi, lorsque le mouvement de l'écriture s'arrête, au-delà du maintenant de la représentation par l'écriture, dans une disponibilité au langage et au voyage. Ainsi se dénoue la tension vécue par Raymond entre l'illumination et l'interrogation, entre l'écriture du livre et l'ouverture inventive, entre le théologique et le politique. Ainsi sont trouvées des possibilités d'identité de Raymond ; le livre, comme le chemin, peut se poursuivre.

La *Vie contemporaine du bienheureux Raymond Lulle* apparaît donc comme une œuvre authentiquement lullienne[1], dans la

1. Je rejoins ici, par une autre méthode d'analyse et selon une autre perspective, une des conclusions données par Fernando Domínguez Reboiras

mesure où elle marque le point de vue de la conscience de Raymond ; il y a en elle non seulement une vérité et une fiction, mais aussi une nécessité et un arbitraire, une médiation décisive du sujet. Raymond n'a pas de sens, il en construit un et peut accepter l'intervention du divin dans le monde. L'illumination de Randa est vécue par lui en fin de compte comme la possibilité de rupture dans un système théologique et philosophique, qui risque inévitablement de se fermer ; elle s'exprime dans la capacité de la question, elle est demande adressée à l'autre qu'il soit théologien comme Bonaventure, infidèle comme les sarrasins, puissant comme les papes, les rois et les villes. Mais parce que la reconnaissance et le respect de la transcendance divine ne suffisent pas, Raymond doit ouvrir à sa responsabilité un espace politique, dans lequel l'écriture de ses livres est un projet bien orienté. Dans ces conditions, le livre de la *Vie de Raymond* désigne non pas un contenu, mais un chemin à poursuivre ; il témoigne de la présence du Christ qui a appelé Raymond au questionnement et à l'existence ; il est bien l'épreuve dramatique et violente du passage de l'Esprit, de l'échange, de la variation. Le récit présente une rupture entre le travail dominant de la mémoire et celui du questionnement et de la création de soi, du voyage incessant de l'être, parce que Raymond n'a pas immédiatement compris que la relation avec le divin commence lorsque Dieu et le monde deviennent problématiques. Le risque du subjectif dans la *Vie de Raymond*, c'est bien, à partir de la tentation de Gênes, de refuser l'absence de penser en acceptant le déjà pensé si valable soit-il ; c'est s'investir soi-même réellement parce que différent ; c'est accepter véritablement la perte et le renvoi, l'écart et la séparation comme l'origine de toute valeur positive. De même que Raymond, au commencement du récit dicté de sa vie prend la place que Dieu a dans tous ses autres livres et se soustrait lui-même au lieu de l'écriture, de même, à la fin du livre de sa vie, il se retire pour laisser la place à la Trinité divine, dont toute sa vie n'est que le long commentaire, redonnant ainsi la parole à la Parole. Mais il n'y a plus que le silence.

dans son article « Idea y estructura de la *Vita Raymundi Lulli* », *Estudios Lulianos* 27 (1987), p.1-20.

Et voici, Dieu passa. Et devant Dieu, il y eut un vent fort et violent qui déchirait les montagnes et brisait les rochers : Dieu n'était pas dans le tremblement de terre. Et après le tremblement de terre, un feu : Dieu n'était pas dans le feu. Et après le feu, *qol demama daqa* – une voix de fin silence. Quand Elie l'entendit, il s'enveloppa le visage de son manteau, il sortit et se tint à l'entrée de la caverne. Et voici, une voix lui fut adressée et elle disait : *Ma lekha po Eliahou* – une question t'est offerte ici, Elie (verset qui est traduit généralement par : Que fais-tu ici, Elie ?).

Premier Livre des Rois, 19, 11-13.

CHAPITRE TROISIÈME

LE *MUNDUS IMAGINALIS* DE RAYMOND DANS LE *LIVRE DU GENTIL ET DES TROIS SAGES* : ILLUMINATION, SOLLICITUDE, RETRAIT

Si le *Livre de la Vie de Raymond*, dicté par Raymond à un écrivain anonyme en 1311, exprime bien que l'absolu est de l'ordre de la rencontre, de la capacité du questionnement et du renouvellement incessant et périlleux du sens, les livres écrits par Raymond – et cela, dès les premiers temps de son existence de converti – sont remarquables par l'importance du dialogue et de la question dans la mise en chantier de la pensée philosophique ou théologique. Un philosophe ou un ermite ou un sage ou Raymond lui-même rencontrent un personnage, souvent une figure allégorique – à moins que ce ne soit Raymond qui rencontre le philosophe ou l'ermite ou le sage ou encore que les sages se rencontrent entre eux-, qui leur pose une question et les invite immédiatement au développement de leur réflexion. Dès qu'ils proposent une pensée, leur interlocuteur la fait vaciller de sa position, d'où une incessante et complexe déstabilisation, ouverte à l'infini des perspectives ; les idées propres de chaque personnage sont plutôt une opinion ou une possibilité qu'on fait entrer en jeu et qui aide, par éclatement, ouverture et déstabilisation, à une appropriation de l'ensemble du livre écrit par Raymond. Mais cette appropriation est dans l'ouverture, le jamais atteint, le visible-invisible, le clignotement de sens ; il s'agit bien de « faire » une expérience avec le texte, c'est-à-dire de s'inscrire dans l'ouverture, dans l'ouvrir. Le lecteur qui lit les livres de Raymond s'ouvre par eux à une expérience qui renvoie à l'expérience existentielle de l'auteur Raymond le fou, le voyageur, affranchi de lui-même, incertain du monde et de l'Autre. Ainsi aucun écrit de Raymond n'est clos ni fini; mais les textes se travaillent eux-mêmes, sont des événements relationnels; c'est ainsi que le *Livre du Gentil et des trois Sages*[1] ouvre, de façon exemplaire me semble-t-il, au *Livre de la Vie de Raymond* et est aussi ouvert et déjoué par lui, de sorte que chaque texte n'est jamais seulement lui-même et représente toujours plus qu'un texte. Entre les écritures de ces deux textes superposables, lisibles l'un par rapport à l'autre, l'un avec l'autre, se déroule la vie de Raymond le fou.

Le *Livre du Gentil et des trois Sages*, qui est sans doute le premier livre écrit par Raymond Lulle vers 1270-1271, soit cinq ans environ après sa conversion et quatre ans environ avant l'illumination de la montagne de Randa, donne le mode dialogique de l'expérience et de l'existence lullienne. Posant des questions qui n'attendent pas de réponses, donnant des réponses qui n'apaisent pas les questions et qui, si elles y mettent fin momentanément, ne mettent pas fin à l'attente qui est la question de la question. Ce qui établit bien que Lulle, homme de l'incertitude questionnante, n'est pas celui qui est devenu tel grâce à des expériences acquises en la longue durée, mais celui qui, en tant que converti et homme de recherche et de science philosophique et théologique, est fondamentalement ouvert à l'expérience et au problème de la communication de l'expérience, c'est-à-dire du langage et du rapport à l'autre[2]. Ecrivant le *Livre du Gentil et des trois Sages* au commencement de son existence de converti, ne s'écrit-il pas lui-même, histoire qui est en train de s'éprouver toujours à nouveau comme problématique, parole subjective et parlante qui se révèle

1. *Le Livre du Gentil et des trois Sages de Raymond Lulle*, traduit du catalan et présenté par Dominique de Courcelles, Editions de l'Eclat, collection «Philosophie imaginaire», 1992.

2. Gadamer dans *Vérité et méthode*, Paris, Seuil, 1976, p.198 et suivantes, écrit : «La plénitude d'expérience, la plénitude d'être de celui que nous disons expérimenté ne consiste pas en ce que cet homme sait déjà tout et le sait mieux. L'homme d'expérience s'avère au contraire radicalement étranger à tout dogmatisme».

ici et maintenant comme question, malgré le pouvoir politique et religieux de l'époque? A aucun moment de l'histoire de Raymond, la réflexion et la création ne sont absentes; chaque livre de Raymond s'enroule en lui, entre en lui, part de son expérience et y revient, l'entraînant et entraînant le lecteur dans des incertitudes infinies à la place de la positivité escomptée par la démonstration et l'innovation. A la fin du XIIe siècle, dans son introduction à la *Michna*[1], Maïmonide (1135-1204), le grand commentateur juif de la Torah, né à Cordoue et installé en Egypte, dont les œuvres sont traduites en latin dès le XIIIe siècle à Tolède ou en Catalogne, dans les écoles capitulaires ou conventuelles (des franciscains et des dominicains), constate précisément : « Il n'y eut aucun moment de l'Histoire dans lequel la réflexion et la création, l'innovation de sens furent absentes. Les sages de chaque temps considéraient les paroles de leurs prédécesseurs comme principe fondamental, les apprenaient et innovaient à partir d'elles »[2].

Dans le prologue du livre, Raymond explique comment et pour qui il a écrit :

> Chaque science exige les mots qui conviennent le mieux à sa propre expression. Parce que notre science démonstrative exige des mots obscurs qui ne sont pas utilisés par les laïcs et parce que nous faisons ce livre pour les laïcs, nous exposerons donc notre science brièvement et avec des mots simples. Et confiant dans la grâce de Celui qui est l'accomplissement de tous les biens, nous espérons que nous pourrons développer ce livre, suivant la même méthode, avec des mots plus appropriés aux gens lettrés, amoureux de la science spéculative.

Usant d'arguments démonstratifs brefs et de « mots simples », le *Livre du Gentil et des trois Sages*, écrit pour les laïcs, doit donc jouer un double rôle : rendre possible la socialité, c'est-à-dire la relation intersubjective, et permettre la constitution de l'individu dans ce qu'il a de plus spécifique à partir de l'interprétation qu'il propose et qu'il élabore lui-même. Raymond annonce en même

1. Loi orale mise par écrit au IIe siècle, pensée entre le IIe siècle avant notre ère et le IIe siècle.

2. Moïse Ben Maïmon (Maïmonide) (Cordoue 1135-près du Caire 1204), *Introduction à la Michna*, éd. Mossad Harav Kook, en hébreu, p.28.

temps qu'il souhaite «développer» son livre, c'est-à-dire le produire à nouveau en vue de la réalisation la plus parfaite, selon la même méthode – dialogique –, à l'intention des «amoureux de la science spéculative», mais l'indication immédiate du développement signifie clairement la volonté de dire autre chose, d'aller au-delà du dire, en déployant un entre-dire dans la proximité ou non d'une impossibilité, dans l'ouverture incessante.

La méthode de Raymond consiste à créer dans le livre un espace problématique qui est celui du dialogue. Au commencement est le dialogue – la discussion polémique-, disent certains textes talmudiques :

> La relation avec l'autre homme placée au commencement ![1].

Et le Coran enseigne en un verset mémorable[2] :

> Ne discute avec les gens de l'Ecriture que de la manière la plus courtoise, sauf avec ceux d'entre eux qui sont injustes. Dites : nous croyons à ce qui nous fut révélé et à ce qui vous fut révélé. Notre Dieu qui est votre Dieu est unique, et nous lui sommes soumis.

Cette méthode de l'ouverture dialogale dans le rapport à l'autre, par le processus infini d'expression et de désignation de sens, a une double implication politique et éthique, puisqu'elle est très précisément le point d'enracinement de la liberté et de la justice – qui est aussi la justesse de la question et donc de l'incertitude – et la manifestation la plus éclatante du refus de l'enfermement par la confrontation et l'essai d'articulation des propositions.

A partir de 1100, la forme littéraire du dialogue est fréquemment employée en matière de controverse religieuse par les auteurs chrétiens. On trouve, pour citer quelques exemples caractéristiques provenant de différents pays, Gilbert Crispin, abbé de Westminster, et la *Disputatio Judei et Christiani*[3], Pierre Alphonse, juif converti, et le *Dialogus Petri cognomento Alphon-*

1. Emmanuel Lévinas, *L'Au-delà du verset : lectures et discours talmudiques*, Paris, Minuit, 1982, p.177.
2. Coran, 29, 46.
3. Publié sous ce titre par B.Blumenkranz, Utrecht et Anvers, 1956.

si ex Judaeo Christiani et Moysi Judaei[1], Rupert, abbé de Deutz, et l'*Annulus sive dialogus inter Christianum et Judaeum*[2] et Pierre Abélard et le *Dialogus inter philosophum, Judaeum et Christianum*[3]. Tandis que les trois premiers ouvrages sont strictement dialogués et ne se déroulent qu'entre deux personnages, on trouve dans celui d'Abélard des parties narratives – comme dans le *Livre du Gentil et des trois Sages* – et quatre interlocuteurs, un païen nommé philosophe, un juif, un chrétien et l'auteur lui-même qui joue le rôle de juge. Dans tous ces dialogues, on ne rencontre qu'une fois un païen et jamais un musulman. Dans un fragment écrit en langue castillane de la première moitié du XIIIe siècle, la *Disputa entre un cristiano y un judio*[4], n'apparaissent que le juif et le chrétien, comme dans la plupart des dialogues en latin.

Il est d'autant plus frappant de retrouver dans un poème latin les quatre personnages qui sont les interlocuteurs du livre de Raymond Lulle, à savoir le païen, le juif, le chrétien et le musulman. Ce poème composé de vingt-quatre strophes de quatre vers monorimes porte un titre extrêmement vague : « Nota pulcram fabulam » et serait, selon son éditeur, d'origine allemande[5]. Un chrétien, un juif et un musulman (appelé « paganus », puis « sarracenus ») se réunissent sous un arbre pour discuter les dogmes de leurs religions. Ils voient alors venir vers eux un homme

1. Migne, *Patrologiae cursus completus, Series latina*, t.157, col.537-672.

2. Migne, *Ibid.*, t.170, col.559-610.

3. Migne, *Ibid.*, t.178, col.1611-1682.

4. Publiée sous ce titre par Americo Castro dans *Revista de Filología española* 1 (1914), p.173-177.

5. Publié par Hans Walther dans *Das Streitgedicht in der lateinischen Literatur des Mittelalters*, München, 1920, p.227-229, d'après un manuscrit se trouvant alors à la Staatsbibliothek de Berlin et aujourd'hui à la Bibliothèque de l'Université de Tübingen : le poème, selon Hans Walther, aurait été composé dans la deuxième moitié du XIIe siècle et serait de provenance allemande. Rudolf Brummer, dans son article : « Un poème latin de controverse religieuse et le *Libre del Gentil e los tres Savis* de Ramon Llull », *Estudios Lulianos* 6 (1962), estime que cette hypothèse n'est pas fondée ; si je souscris volontiers à cette appréciation, en revanche je souscris moins à la thèse générale de l'article concernant la tolérance ou l'intolérance des dialogues.

profondément triste et angoissé par la mort et se rendent compte que c'est un païen, comme celui-ci le leur confirme. Le musulman, puis le juif, puis le chrétien s'efforcent alors de le convertir chacun à sa foi, par la promesse et la description de la vie éternelle. Le païen se convertit alors au christianisme. Ce dialogue est purement apologétique et son argumentation est des plus simples, ce qui n'est pas du tout le cas du livre de Raymond Lulle. Voyons maintenant précisément comment Raymond Lulle met en œuvre, de façon originale et nouvelle, l'espace de la rencontre qui est l'espace du questionnement dans son *Livre du Gentil et des trois Sages* et ce qu'il advient alors des personnages, du livre et de Raymond qui écrit.

I. *Un lieu hors du lieu*

L'espace lullien de la rencontre, qui est celui du dialogue, se situe entre le monde des sens et le monde de l'intelligible pur, en un lieu hors du lieu, hors de l'espace du monde sensible et hors de l'espace intellectuel ou spirituel des philosophes et des théologiens, entre-deux ou intervalle, pour lequel l'écart et la séparation constituent inévitablement l'origine de toute valeur positive. Dans le *Livre de Contemplation* écrit peu après le *Livre du Gentil et des trois Sages* vers 1271-1273, Raymond explique que ce lieu hors du lieu, entre-deux ou intervalle est une « figure morale et intellectuelle », représentation « par comparaisons morales sensibles » du monde intelligible, « voie de paradis ». Il écrit :

> Celui qui veut comprendre par une figure morale et intellectuelle la gloire céleste... qu'il sache, par des comparaisons morales sensibles, représenter dans sa mémoire, son entendement et son vouloir, les choses intelligibles... Ceci établi, nous disons que trois dames vinrent à un palais très noble, admirablement construit et orné de belles bâtisses et de très beaux arbres, chargés de fleurs et de fruits, très agréables à voir. Il y avait dans ce palais beaucoup de sources et de vergers...[1].

1. *Livre de Contemplation*, chap.356, 1.

Maïmonide dans le *Guide des Egarés*, reprenant en cela les propos de son maître arabe et musulman Fârâbî dans la *Cité idéale*, estime que « les choses incorporelles et intellectuelles doivent être représentées par des choses corporelles et sensibles... non pas par n'importe quelles choses corporelles mais par celles qui occupent dans le domaine sensible une place analogue à celle occupée, dans le domaine intellectuel, par le principe respectif... On représentera donc Dieu et ses attributs par les choses les plus nobles »[1]. Dans la même perspective, le *Récit* anonyme souvent reproduit *de L'Ascension céleste* donne une description prestigieuse de Gabriel l'Archange ; il est « d'une blancheur plus éclatante que la neige », « son front est ceint d'un diadème de lumière », « six cents ailes rehaussent sa personne, parsemées de soixante-dix mille grains de chrysolithe rouge » ; le commentaire explique qu'il faut entendre que, si la beauté et la splendeur découvertes par la vision mentale venaient à laisser d'elles une trace visible pour les sens, l'objet sensible aurait alors cette beauté qui est décrite en la personne de l'Ange[2].

Selon le même mouvement que les trois dames du *Livre de Contemplation*, le gentil, qui est le philosophe païen, plus particulièrement le sans-Dieu, décide donc au commencement du livre de s'avancer vers une contrée inconnue.

> Il advint par disposition divine qu'il y eut en une terre un gentil très sage en philosophie, et il considérait sa vieillesse et la mort et les délices de ce monde... Ainsi considérait, ainsi souffrait le gentil, lorsqu'il conçut en son cœur le désir d'abandonner sa terre et de s'en aller dans une terre étrangère pour voir si, d'aventure, il pourrait trouver remède à sa tristesse. Il décida d'aller dans une grande forêt, qui regorgeait

1. *Le Guide des Egarés*, I, 17-47 : trad. franç. et notes par Salomon Munk, 3 vol., 1856-1866, réimpr. de l'édition originale, Paris, Maisonneuve, 1970 ; *La Cité idéale ou Idées des habitants de la Cité vertueuse*, trad. franç. par R.P.Jaussen, Y.Karam et J.Chala, le Caire, 1949, chap.24.

2. Le *Livre de l'Ascension céleste* ou *Mî'râj-Nâmeh*, parfois attribué à Avicenne (980-1037), est commenté par Henry Corbin dans son beau et précieux livre : *Avicenne et le récit visionnaire : Etude sur le cycle des récits avicenniens*, Paris, Berg International, 1979 (1e éd. 1954), p.187.

de sources et de beaux arbres fruitiers... le gentil pensa y demeurer en quelque ermitage...[1].

Aussi réel ontologiquement que le monde des sens et le monde de l'intellect, ce monde lullien de l'intervalle, – ici monde de sources, d'arbres fruitiers et de fleurs –, est le monde de l'image ou l'image du monde, un monde que je dirais volontiers imaginal, dans la mesure où il requiert une faculté de perception qui lui est propre et qui est la puissance imaginative, la fonction cognitive de l'imagination. C'est cette fonction cognitive de l'imagination qui permet de fonder une connaissance analogique rigoureuse, échappant au fameux et aporétique dilemme du rationalisme : matière/esprit[2].

Le dialogue s'intègre donc dans le récit d'un voyage, d'un parcours, qui s'apparente à un récit d'initiation spirituelle. Le récit est le lieu d'une aventure personnellement vécue ; il est l'histoire personnelle de celui qui a quitté le monde de l'expérience sensible. Le monde imaginal de Lulle est peuplé de symboles aisément reconnaissables : arbre qui est un pin ou un citronnier et qui donne une ombre large, source ou fontaine d'eau claire et fraîche au pied de l'arbre ; là le voyageur rencontre quelqu'un. Telle est la réalité objective du monde imaginal lullien. C'est une histoire qui brise l'histoire, dans la mesure où, s'il s'agit encore d'une histoire et d'événements réels, cette histoire et ces événe-

1. *Le Livre du Gentil et des trois Sages*, prologue. Les citations sont extraites de la traduction que j'ai moi-même effectuée.

2. Le penseur musulman Ghazâlî, à l'extrême fin du XIe siècle, dans son livre contre les philosophes, intitulé *Tahâfot al-falâsifa*, démontre que le *mundus imaginalis, 'âlam al-mithâl*, intermédiaire entre le monde des sens et le monde de l'intelligible pur, permet de comprendre ce qu'est la vérité spirituelle de l'eschatologie coranique et des visions des prophètes. Mais c'est surtout Sohravardî (1155-1191) qui, poursuivant à l'exemple d'Avicenne la rédaction de récits symboliques d'initiation spirituelle, définit une structure du monde en laquelle le *mundus imaginalis* se situe entre l'univers angélique de la Lumière et de l'Esprit et l'univers matériel et obscur des sens et des Ténèbres ; ce monde intermédiaire, où se retrouve toute la richesse et la variété du monde sensible, conduit à la vérité spirituelle. Pour plus de détails, voir l'ouvrage d'Henry Corbin, *Histoire de la philosophie islamique*, Gallimard, Folio/Essais, 1986.

ments réels échappent à ce que nous appelons communément l'histoire réelle.

> Quand le gentil se trouva dans la grande forêt, il vit les rivières, les sources et les prés ; il vit que les arbres étaient remplis d'oiseaux de différentes sortes qui chantaient très doucement et que, sous les arbres, il y avait des chevreuils, des cerfs, des gazelles, des lièvres, des lapins et beaucoup d'autres bêtes très plaisantes à la vue, et que les arbres étaient chargés de fleurs et de fruits de mille sortes qui répandaient un très agréable parfum... Plus il allait et plus il découvrait de beaux paysages, plus fortement le contraignait la pensée de la mort... Il rencontra un chemin très beau et il décida de suivre ce chemin jusqu'à ce qu'il fût libéré de ses souffrances.

Le monde imaginal est là, si beau, tendre et lumineux, pour dénoncer au gentil sa captivité et sa misère, pour l'amener à prendre conscience de son étrangeté et de sa mort prochaine. Au moment où l'âme se découvre étrangère et solitaire dans un monde qui lui avait été familier, se profile devant elle « un chemin très beau », une voie qui la guide dans une direction encore inconnue. C'est la visualisation de ce chemin comme guide qui est ici l'événement initial du récit de Lulle. Cet événement se produit, alors que le gentil « allait ainsi par la forêt d'un lieu à l'autre comme un homme égaré », c'est-à-dire dans un état proche de la folie et de la perte de soi-même, privé d'un sens directeur.

Parallèlement à cet événement initial, à l'éveil de l'âme du gentil, païen et sans-Dieu, à sa condition d'étrangeté et de mortalité par la rencontre du chemin,

> trois sages se rencontrèrent à la sortie d'une ville. L'un d'eux était juif, l'autre chrétien et l'autre sarrasin.

Ainsi, à la sortie de la ville, trois sages appartenant à trois communautés différentes d'hommes se rencontrent. Hors de la ville, poursuit Raymond, « ils s'aperçurent, ils se saluèrent, s'accueillirent joyeusement et se tinrent compagnie ». Auparavant enclos dans la ville et séparés l'un des autres, les trois sages passent dans un hors-la-ville, qui est le monde de l'itinéraire et du mouvement, mais aussi de la parole et du « délassement ensemble de leurs esprits fatigués par leurs études ». L'exode hors du monde a ici un sens vrai ; les sages passent du monde de la réalité urbaine au sens vrai à celui de l'itinéraire, de la forêt et de la rencontre joyeuse, monde qui, au sens vrai, n'est que figure.

> Tant allaient les trois sages, chacun d'eux parlant de sa propre foi et de la science qu'il montrait à ses écoliers, qu'ils arrivèrent à cette même forêt où errait le gentil ; ils parvinrent en un pré dans lequel il y avait une belle fontaine qui arrosait cinq arbres, les cinq arbres qui sont représentés au commencement de ce livre. Dans la fontaine il y avait une damoiselle très belle, très noblement parée ; elle chevauchait un très beau palefroi qu'elle abreuvait à la fontaine.

Quel est ici le chemin suivi ? Quelle est la distance parcourue ? Les sages sont-ils partis d'eux-mêmes pour arriver à eux-mêmes ? Mais un grand événement a tout changé pour eux. Ils se retrouvent au-delà de la forêt, dans un pré, espace de la rencontre et du dialogue, espace dans lequel ils se retrouvent à un autre niveau physique et spirituel, à un niveau imaginal. Sans doute ne s'agit-il pas d'un transfert corporel d'un lieu dans un autre lieu ; Raymond Lulle dit bien que, passant à l'intérieur de la forêt, ils se retrouvent au-dehors, au-delà de la forêt. Mais il y a eu rupture. Ils se sont mis en route ; à un moment donné s'est produite la rupture ; ils sont passés dans le monde imaginal, intervalle entre le monde des sens et le monde de l'intelligible pur ; ils n'en ont pas eu conscience au moment donné et le lecteur non plus. Dans un lieu hors de l'expérience sensible, dans un pré au-delà de la forêt, où il y a une fontaine et cinq arbres, ils se trouvent soudain en présence d'une personne. Et, chacun cessant de parler au singulier de sa foi et de son enseignement, ensemble, ils voient, se déplacent et questionnent.

> Les sages virent les cinq arbres au plaisant aspect, virent la dame aux très agréables traits, allèrent à la fontaine et très humblement et dévotement saluèrent la dame ; et elle, gracieusement, leur rendit leurs saluts. Les sages lui demandèrent quel était son nom, et elle leur dit qu'elle était Intelligence. Les sages la prièrent alors de leur dire la nature et les propriétés des cinq arbres et le sens des lettres qui étaient écrites sur chacune de leurs fleurs. La dame leur répondit en disant...

Ainsi en présence de la séduisante Intelligence, les sages ne se contentent plus de voir les arbres et les lettres, ils entrent dans le mouvement politique et éthique de l'interprétation, car l'interprétation est une liberté qui touche leur propre existence et leur existence ensemble. C'est ensemble dans le lieu hors-du-lieu, qui est le monde imaginal, qu'ils admettent une explication vraie et commune, donnée par l'Intelligence, une interprétation qui serait une ouverture du dire, un pouvoir-être-autrement. S'il doit se faire que la lettre du système philosophique ou théologique de Raymond Lulle soit close à la conscience immédiate, ce qui importe essentiellement c'est que l'attitude philosophique ou théologique confiée à ses récits révèle une situation signifiante. Le récit atteste bien que les sages ont intégré comme leur le monde imaginal, parce que, par le questionnement, ils l'ont fait rentrer en eux-mêmes. Il y a alors synchronisme entre l'éveil de la conscience spéculative des sages à la pratique du questionnement ensemble dans le monde imaginal, et leur visualisation de l'Intelligence qui va les guider dans l'interprétation des arbres. Ce synchronisme n'annonce-t-il pas la structure propre de l'individualité ? Il ne s'agit pas d'un sentiment du « moi » portant celui-ci au rang d'une autonomie solitaire, d'une singularité fermée sur elle-même. La figure de Dame Intelligence, qui est une figure personnelle, s'annonçant personnellement aux trois sages, ne symbolise-t-elle pas leur fond le plus intime ? Les intelligences des sages, par le mouvement commun de la question, se découvrent comme étant, à la fois ensemble et chacune, la contre-partie terrestre d'un autre être avec lequel elles forment une totalité de structure duelle, et cette découverte, source d'angoisse et d'incertitude, annonce le point culminant d'une expérience intellectuelle et spirituelle.

A la promptitude philosophique des sages à concevoir l'universel et à leur isolement spéculatif également, fait pendant désormais leur commune aptitude imaginative à se représenter des figures concrètes, à rencontrer des « personnes ». Dans le lieu hors-du-lieu, à un autre niveau physique et spirituel qui est imaginal, la fonction cognitive de l'imagination trouve toute l'énergie nécessaire pour créer un espace de liberté intérieure suffisant pour que jaillisse le questionnement et s'y manifeste l'Image de ce Moi intelligent qui anticipe la condition céleste de tout homme. En connaissant Dame Intelligence et son monde, c'est-à-dire le monde des conditions des arbres, les sages réalisent ensemble de façon décisive leur sortie hors du monde sensible et leur émergence à eux-mêmes, ce qui implique que toute âme humaine peut être en relation de connaturalité avec l'intelligence et transcender la quotidienneté, sans pour autant s'évanouir dans l'informel ou l'infigurable. Distinction et multiplicité subsistent bien dans le monde imaginal de Raymond Lulle ; les sages sont trois et ils sont juif, chrétien et musulman.

II. *Dame Intelligence*

Si, dans le monde chrétien, Dame Intelligence est une figure allégorique qui a son autonomie, tout en évoquant la Sagesse biblique ou un des dons de l'Esprit Saint qui est la troisième personne divine de la Trinité, elle est aussi l'Intelligence agente ou l'Ange des récits de l'islam et l'Intelligence divine ou l'Ange des commentaires juifs de la Torah. Chacun des sages en entendant son nom la reconnaît, sait aussitôt qui elle est.

En islam et en particulier dans les trois célèbres Récits d'Avicenne (980-1037), l'Intelligence ou *Dator Formarum* est l'Ange qui initie l'âme humaine et l'aide à la faire sortir de son propre cosmos et à entreprendre un voyage mystique et libérateur vers l'Orient à travers un univers de symboles. Cette figure de l'Intelligence agente illuminatrice qui domine la philosophie d'Avicenne, de Hajdûd ibn Adam Sanâ'î (?-1150) ou de Sohravardî (1155-1191) révèle sa proximité, sa tendre sollicitude pour celui qui est entré dans le monde imaginal et a ainsi anticipé l'accomplissement de son progrès spirituel. Les Récits avicenniens dits de Hayy ibn Yaqzân, de l'Oiseau et de Salâmân et Absâl, tous trois complémentaires, montrent bien la relation réciproque qui s'établit entre l'âme et l'Ange ; car l'âme forme un tout avec la personne de l'Ange et elle est nécessaire à celui-ci pour accomplir et célébrer son service divin. Faire route en compagnie de l'Ange et anticiper la définitive extase du voyage sans retour, tel est le désir et telle est l'entreprise de tous les spirituels. L'Ange et l'âme sont alors engagés dans le même voyage.

L'arabisant espagnol Miguel Asín Palacios ayant montré les ressemblances indéniables entre la Divine Comédie de Dante et les représentations eschatologiques musulmanes, de nouvelles recherches ont prouvé l'existence et la diffusion de traductions castillane, latine, française, italienne, dès le XIIIe siècle en Occident, des récits d'Avicenne et de Sohravardî[1]. Dans la mesure où Raymond s'intéressait particulièrement au monde musulman, il est extrêmement vraisemblable qu'il ait pu avoir connaissance de ces textes comme d'autres penseurs chrétiens de son époque.

Ecrit au début du XIe siècle, le Récit de Hayy ibn Yaqzân[2], le premier du cycle d'Avicenne, qui consiste en une invite au voyage vers l'Orient, c'est-à-dire en une révélation de l'Orient au sens vrai et en une orientation du futur voyageur vers cet Orient céleste, mérite d'être cité en regard du récit du *Livre du Gentil et des trois Sages* de Raymond Lulle, dans la mesure où il présente avec ce dernier plusieurs éléments communs. Avicenne a écrit ce texte comme une histoire autobiographique à la première personne, alors qu'il était emprisonné dans une forteresse, et l'on peut mesurer quelle expérience profonde il traduit d'abord en évoquant le temps où il était chez lui et put sortir dans les lieux d'agrément cachés aux alentours de sa propre cité, et ensuite en

1. Le livre de Miguel Asín Palacios, *La Escatología musulmana en la Divina Comedia, seguida de la Historia y Crítica de una polémica*, segunda edición, Madrid-Granada, 1943, fut très vivement contesté par les romanistes qui estimaient que les ressemblances observées ne constituaient pas la preuve positive du « fait historique ». Trente ans plus tard, l'historien italien Enrico Cerulli réunit un grand nombre de traductions et de textes qui prouvèrent que le monde occidental avait dès le XIIIe siècle une connaissance parfaite d'un certain nombre de représentations eschatologiques courantes en islam : *Il Libro della Scala e la questione delle fonti arabo-spagnole della Divina Commedia* (Studi e Testi, 150), Città del Vaticano, 1949 ; une analyse de ce livre enrichie de développements personnels figure dans un article de Maxime Rodinson, *Revue de l'histoire des religions*, oct.-déc. 1951, p.203-236. Un traité d'un avicennien latin du XIIe siècle a été découvert par Marie-Thérèse d'Alverny : « Les pérégrinations de l'âme dans l'autre monde d'après un anonyme de la fin du XIIe siècle », *Archives d'histoire doctrinale et littéraire du Moyen Age*, 15-17 (1940-1942), p.239-299. Rappelons enfin que le célèbre traducteur d'Avicenne dans la péninsule ibérique est Dominique Gundissalvo, archidiacre de Tolède, entre 1126 et 1150.

2. Le Récit de Hayy ibn Yaqzân est analysé et traduit par Henry Corbin dans *Avicenne et le récit visionnaire*..., p.154-158.

préparant l'aventure et l'évasion intérieure du voyage vers l'Orient. Avicenne lui-même rencontre donc dans le Récit le Sage Hayy ibn Yaqzân qui est une individuation de l'Intelligence agente identifiée avec l'archange Gabriel. Le Sage provoque le réveil du philosophe en suscitant son questionnement et son éloignement des mauvais compagnons qui sont autant de puissances qui détournent son âme de ce pour quoi elle est constituée ; dormir, c'est en effet se contenter des opinions vaines et toutes faites et rester captif des mauvais compagnons ; il s'agit de s'éveiller (d'être un « yaqzân », un « egrêgoros »), de ne pas céder à la crainte du voyage et de l'ébranlement, et de faire apparaître l'âme authentique, l'étrangère ou l'orientale, cachée sous le déguisement occidental de la condition commune sensible. La physiognomonie est la science des anges, puisqu'elle permet d'occulter l'apparent et de manifester le caché ; elle présuppose une manière nouvelle de percevoir et de méditer le monde, une nouvelle interprétation du monde, grâce à l'imagination active. Avicenne écrit :

> Certaine fois que j'avais pris résidence en ma ville, il m'arriva de sortir avec mes compagnons vers un des lieux d'agrément qui se trouvent aux environs de cette même ville. Or, tandis que nous allions et venions, tournant en cercle, voici qu'au loin apparut un Sage[1]. Il était beau ; sa personne resplendissait d'une gloire divine. Il avait certes goûté aux années ; cependant on ne voyait en lui que la fraîcheur qui est propre aux hommes jeunes... Lorsque j'eus vu ce Sage, j'éprouvai le désir d'avoir commerce avec lui. Du plus profond de moi-même se leva l'exigence d'entrer dans son intimité et d'avoir familièrement accès auprès de lui. Avec mes compagnons je me dirigeai donc de son côté... Nombreux alternèrent nos propos jusqu'à ce que l'entretien nous conduisit au point où je l'interrogeai sur tout ce qui concernait sa personne et voulus apprendre de lui quels étaient son mode de vie et sa profession, voire son

1. Dans le petit traité sohravardien de *L'Aile de Gabriel*, on lit : « Je pris un flambeau à la main... et me promenai jusqu'au lever de l'aurore... je fermai la porte qui donnait sur la ville... je voulus ouvrir la porte qui donnait sur la campagne... Je vis dix Sages de physionomie éclatante... » Traduction de Henry Corbin dans *L'Archange empourpré : quinze traités et récits mystiques*, Paris, Fayard, Documents spirituels 14, 1976.

> nom, son lignage et son pays. Alors il me dit : Mon nom est Vivant, mon lignage, fils de Celui qui Veille, quant à ma patrie c'est la Jérusalem céleste. Ma profession est d'être toujours en voyage ; faire le tour de l'univers au point d'en connaître toutes les conditions...

La physiognomonie est la science initiale, intuitive, dont la pratique courante est conforme à l'*Imago mundi* qui l'implique ; elle est la véritable exégèse de l'âme, condition et commencement de l'opération d'exode et de transmutation :

> Il me dit : La physiognomonie révèle en toi à la fois le plus excellent des types de créatures et un mélange d'argile et de natures inanimées recevant toutes empreintes. Elle te révèle tel que, de quelque côté que l'on t'attire, c'est de ce côté que tu vas... Alors je demandai au Sage de me guider sur le chemin du voyage, de me montrer comment entreprendre un voyage tel qu'il en faisait lui-même. Je le fis sur le ton dont pouvait l'en requérir un homme qui en brûlait d'envie, en avait le plus ardent désir. Il me répondit :... Il faut pour le moment te contenter d'un voyage coupé de haltes et d'inaction... ainsi en sera-t-il, jusqu'à ce que vienne le moment où tu rompras totalement avec tes compagnons...

Le Sage apprend à celui qui l'interroge qu'il se trouve à mi-chemin entre l'Occident et l'Orient et qu'il peut trouver la force nécessaire à la rupture en se purifiant et en s'abreuvant à la Source de vie :

> Lorsque le pèlerin a été guidé sur la voie menant à cette source et qu'alors il s'y purifie et boit cette eau très douce au goût, dans ses membres se lève une force nouvelle qui le rend capable de traverser les déserts immenses.

Dès lors les apparences des choses changent et les événements de l'existence du pèlerin ne se situent ni dans le monde sensible ni dans le monde intelligible, mais dans le monde intermédiaire des figures, dont parle Raymond Lulle, « où se corporalisent les esprits et où se spiritualisent les corps ». Boire l'eau de la Source de vie, c'est être à la limite où l'intelligible s'annonce en figure et où le sensible se mue en figure. L'Imagination active est l'organe de ce changement. Hayy ibn Yaqzân oriente alors Avicenne ; il lui montre où est l'Occident et où est l'Orient ; il lui enseigne quelle modalité d'être spatialise ces directions : l'Extrême Occident est le mode de la privation d'être, de la virtualité pure, tandis que l'Orient « qui est au-delà des sphères célestes » est celui d'un « Roi unique, obéi... tout entier un visage pour Sa beauté, tout entier une main pour Sa générosité » :

> Il semblerait que Sa beauté soit le voile de Sa beauté, que Sa manifestation soit la cause de Son occultation, que Son épiphanie soit la cause de Son abscondité... Parfois certains esseulés d'entre les hommes émigrent vers Lui. Tant de douceurs Il leur fait éprouver qu'ils plient sous le poids de ses grâces. Il les rend conscients de la misère des avantages de votre monde terrestre. Et lorsqu'ils reviennent de chez Lui, ils reviennent comblés de dons mystiques. Le Sage Hayy ibn Yaqzân me dit alors : N'était qu'en conversant avec toi je me rapproche de ce Roi par cela même que je provoque ton réveil, j'aurais à lui consacrer des soins me détournant de toi. Maintenant, si tu veux, suis-moi, viens avec moi vers Lui. Paix.

Car tout le Récit n'a été qu'une exploration mentale. L'invite est maintenant posée : il s'agit de s'engager réellement à la quête de l'Orient et de son Roi, à partir du monde intermédiaire dans lequel a été situé le requérant par le Sage. C'est cette invite de Hayy ibn Yaqzân, individuation de l'Intelligence agente ou de l'Ange, qui transmue le processus connu comme théorie de la connaissance en un voyage vers l'Orient. Or, faire route en compagnie de l'Intelligence agente, Sage ou Ange, est une situation tout autre pour l'adepte que la mise au point d'une théorie de la connaissance pour le philosophe ; c'est opérer la transmutation du sensible en figure. La relation personnelle rompt avec l'ordre simplement théorique. Paradoxalement cet adepte est ici le philosophe Avicenne, tout aussi paradoxalement que Raymond le philosophe est également l'illuminé, le fou et le voyageur. Les sages du livre de Raymond, nourris de science spéculative, en demandant et acceptant l'interprétation que leur donne personnellement Dame Intelligence qui est dans la source à laquelle elle abreuve son cheval, rompent avec l'ordre théorique qui a été jusqu'à présent le leur, mais ils ne boivent pas l'eau de la source.

Dans le *Guide des Egarés*[1], le juif Maïmonide remarque lui aussi que l'entendement humain, limité dans son objet, laisse place à un autre mode de connaissance. L'homme, parce qu'il est un esprit attaché à un corps, a en effet besoin d'une révélation. Créé à l'image de Dieu, l'homme a la possibilité de s'approcher de Dieu, pure Intelligence se pensant elle-même, et il est disposé à être illuminé par cette Intelligence. C'est l'épanchement de l'Intelligence agente de Dieu d'abord sur l'intelligence de l'homme, et ensuite sur son imagination, qui est sa providence. Cet épanchement de l'Intelligence divine ou illumination se traduit par la divination et la prophétie. Pour être un prophète, en plus de l'accession à la plus haute perfection spéculative, l'homme doit en effet posséder une faculté imaginative.

> Celui-là seul qui est arrivé à la perfection spéculative peut ensuite obtenir d'autres connaissances supérieures, quand l'Intelligence divine s'épanche sur lui... Il y a dans la connaissance un degré supérieur à celui des philosophes, c'est la prophétie... Si donc dans un individu, tel que nous venons de le décrire, la faculté imaginative aussi parfaite que possible était en pleine activité et que l'Intelligence s'épanchât sur elle en raison de la perfection spéculative de l'individu, celui-ci ne percevrait indubitablement que des choses fort extraordinaires, ne verrait que Dieu et ses anges, et la science qu'il acquerrait n'aurait pour objet que des opinions vraies et des règles de conduite embrassant les bonnes relations des hommes les uns avec les autres (Livre II, chap.36, 284-287).

Le prophète est rempli de crainte et de trouble, car la lumière de la connaissance immédiate du monde intelligible est trop forte pour lui ; aussi présente-t-il ce qu'il connait au moyen d'images ; parce que son imagination est tout entière saisie d'en haut, l'exposition imagée de ce qu'il connaît est la conséquence de sa connaissance transcendantale ; cette imagination est donc parfaite et en supériorité infinie sur la connaissance philosophique. Le prophète est alors capable d'être le maître des hommes et le maître des philosophes eux-aussi ; il peut faire l'éducation de la masse des hommes. Maïmonide déclare ainsi, expliquant l'échelle de Jacob

1. *op. cit.*

en s'inspirant de l'allégorie platonicienne de la caverne, que « le prophète, après être monté et avoir atteint certains degrés de l'échelle, descend ensuite avec ce qu'il a appris pour guider les habitants de la terre et les instruire ». Mais tous les prophètes ne jouissent pas au même degré de cet Esprit saint ; certains ne peuvent que se perfectionner eux-mêmes, tandis que d'autres « soulevés au-dessus d'eux-mêmes par une grande révélation » répandent la vérité parmi les hommes, sans souci du danger et au mépris de leur vie. Maïmonide ajoute cependant qu'il ne s'agit pas de transmettre la vérité dans sa réalité même, car bien peu d'hommes la comprendraient et ils en feraient un mauvais usage, mais il faut « la recouvrir du voile de l'allégorie » ; alors chacun en saisira ce qu'il peut en saisir. Remarquons que le souci de la transmission de cette science qui « n'aurait pour objet que des opinions vraies et des règles de conduite embrassant les bonnes relations des hommes entre eux » n'est pas aussi explicitement présent dans les trois Récits avicenniens, malgré quelques allusions aux mystiques qui manifestent leurs dons dans le monde terrestre des hommes et bien que soit reconnue la supériorité du voyage dans le monde imaginal sur les autres théories de la connaissance.

Un autre penseur juif, Abraham Aboulafia, qui, dans les années 1271-1275, réside à Barcelone, explique dans un petit traité intitulé *Les Sept Voies de la Sagesse* que le peuple a accès aux trois premières voies de la Sagesse, les érudits à la quatrième, tandis que la cinquième voie est « le commencement de la science générale de la combinaison des lettres » ; dans les deux dernières voies, l'homme en quête de la Sagesse rencontre l'Intelligence agente. « La sixième voie est d'une profondeur plus grande encore. Qui saura s'y engager ?... Elle ne convient qu'à ceux qui s'isolent dans leur volonté de se rapprocher du Nom, béni soit-il, de façon que son action soit perceptible en eux-mêmes. Il s'agit de ceux dont l'activité vient à s'associer à celle de l'Intelligence agente... Quant à la septième voie, elle est unique en son genre. En elle, sont comprises toutes les autres. Elle est le lieu du Sacré par excellence. Cette sphère englobe toutes les autres. Celui qui la pénètre perçoit le Logos divin qui, parti de l'Intelligence agente, vient affecter la faculté rationnelle de l'homme ; ce Logos est en effet une surabondance du Nom, béni soit-il, qui, passant par l'intermédiaire de l'Intelligence agente, parvient à la faculté rationnelle. Ainsi l'a expliqué le Maître (Maïmonide) au chapitre XXXVI de la deuxième partie du Guide. Cette voie mène à l'essence même de la prophétie authentique »[1].

Lorsque les trois sages du livre de Raymond, parvenus à un haut degré de connaissance spéculative, rencontrent Dame Intelligence, l'Intelligence divine, et la questionnent sur les conditions des arbres qui constituent toutes les dispositions particulières concrètes de la loi idéale pouvant mener l'homme à la fin parfaite qui lui est propre, ils affirment ainsi qu'ils ont besoin d'être guidés par la Révélation et de comprendre[2]. Mais selon Maïmonide, le prophète, qui est aussi le philosophe-savant, a intérêt à la Révélation parce que, en tant qu'homme, il est essentiellement un être politique et que la loi est l'ordre unifié et total de la vie humaine et a pour but de rendre possible la vie en commun. Le

1. Abraham Aboulafia, *L'épître des sept voies*, Paris, Ed. de l'Eclat, trad. Jean-Christophe Attias, 1985. Abraham Aboulafia naît en 1240 à Saragosse ; son père l'initie au Talmud et à la Torah. En 1260, il part pour Israël, mais doit s'arrêter à Acre. Il voyage en Grèce où il se marie, puis en Italie. Il découvre la philosophie aristotélicienne et l'œuvre de Maïmonide, il connaît le *Sefer Yetsira*. En 1271 il rentre à Barcelone où il intensifie son étude du *Sefer Yetsira* et a ses premières visions prophétiques. Il voyage dans toute l'Espagne. Vers 1273-1275, il quitte l'Espagne et mène une vie errante en Grèce et en Italie. En 1275 paraît en Espagne le *Zohar*, cependant que Thomas d'Aquin achève la *Somme Théologique*. En 1280, il fonde une « école » à Capoue, puis sera déçu par plusieurs de ses disciples qui reçoivent le baptême. En 1280, alors qu'il se rend à Rome afin de demander au pape Nicolas III d'améliorer le sort des juifs, le pape ordonne de le brûler dès son arrivée. Mais le jour de l'arrivée d'Aboulafia à Rome, le pape meurt. Aboulafia est emprisonné par les franciscains, puis libéré et chassé de Rome. Il séjourne à Messine jusqu'en 1288 et écrit *Or-ha-Sekhel*, *Lumière de l'Intelligence*. Accusé de charlatanisme par le rabbin de Barcelone Salomon Abraham Adret, il est contraint à l'exil. Il se réfugie dans une île minuscule au large de Malte, Comino, et écrit le *Sefer-ha-Oth*, le *Livre du Signe*. On perd sa trace à partir de 1291. La personnalité d'Abraham Aboulafia n'est pas sans évoquer celle de Raymond Lulle, le marginal, le voyageur, le méprisé de tous, le « mort d'amour en mer ».

2. Lévi Ben Gershom (Gersonide) (Languedoc 1288-20 / avril 1344) s'adresse dans *Les Guerres du Seigneur* (trad. Charles Touati) à ces juifs que « ces questions imposantes ont plongés dans la perplexité et dont l'entendement ne trouve pas de repos dans ce que l'on peut seulement confesser des lèvres, mais seulement dans ce que l'on comprend ».

prophète est donc le seul fondateur possible d'une société qui vise à la perfection véritable de l'homme ; il communique à toutes les catégories d'êtres humains des vérités scientifiques et métaphysiques ; le but de la loi est d'appeler les hommes au bonheur, dans la mesure où le bonheur consiste en la connaissance de Dieu.

Dans son traité *Sur les parties de la science*, Avicenne estime également que le but de la prophétie est politique, que la fonction pratique la plus excellente du prophète est la direction politique. L'existence et la conservation du genre humain dépendent du fait que les hommes vivent en société ; la société suppose un commerce réciproque qui n'est pas possible sans une réglementation de la vie et sans la justice. Le législateur n'a pas le droit de laisser les hommes dans leurs opinions sur le juste et l'injuste ; car chacun tient ce qui va dans son intérêt pour juste et ce qui va contre son intérêt pour injuste. En conséquence le genre humain, pour pouvoir subsister, a besoin d'un homme de cette sorte, c'est-à-dire d'un prophète[1]. Pour Maïmonide, la connaissance immédiate du monde supérieur par l'intermédiaire de l'Intelligence agente habilite le prophète à la manière de guider les hommes qui lui est propre et qui unit en elle la science politique et la science spéculative. Le prophète a ainsi la même place qu'occupent dans la politique platonicienne les philosophes-rois[2].

Dans le *Livre du Gentil et des trois Sages*, Dame Intelligence conclut ainsi son discours aux sages :

> Ces dix conditions découlent de deux normes ou principes : qu'elles soient toutes ordonnées à une même fin et qu'elles ne s'opposent pas à cette fin. Et la fin est aimer Dieu, le connaître, le craindre et le servir.
>
> Par ces conditions susdites sont ordonnées les fleurs, qui sont les principes et la doctrine qui ramènent à la rectitude ceux qui sont dans l'erreur et qui ne connaissent pas Dieu, ses œuvres et leur propre croyance. Par la connaissance de ces arbres on peut

1. Avicenne, *Le livre des directives et des remarques*, trad. fr. A.-M. Goichon, Paris, Vrin, 1981, p.481 et suivantes. Cité dans le livre de Léo Strauss, *Maïmonide*, Paris, P.U.F., 1988, p.130-131.

2. Sur ce point on peut se reporter à Léo Strauss, ouvrage cité, chapitre intitulé : « Quelques remarques sur la science politique de Maïmonide et de Fârâbî », p.143 et suivantes.

consoler les affligés et soulager ceux qui souffrent. Par ces arbres on mortifie les tentations et on lave sa propre âme de la faute et du péché. L'utilité de ces arbres est telle que celui qui en sait cueillir le fruit échappe à des tourments infinis et parvient à un repos perpétuel.

Ainsi la rencontre de Dame Intelligence par les trois sages juif, chrétien et musulman du livre de Raymond dessine le commencement d'un exode et d'une transmutation dans le monde imaginal et suscite l'espace de la rencontre, du dialogue avec les autres, de l'advenue à l'existence et au bonheur, selon des perspectives à la fois diverses et complémentaires, dans tous les cas familières aux trois communautés religieuses de la péninsule ibérique.

III. *Les trois sages et le gentil : le dire en question*

En 1298, plusieurs années après avoir composé le *Livre du Gentil et des trois Sages*, Raymond, dans le prologue de son nouveau livre l'*Arbre de Philosophie d'Amour*, écrit :

> Etant à Paris avec l'intention d'y faire un grand bien par manière de savoir et ne réussissant point à accomplir son projet, Raymond songea à faire grand bien par manière d'amour. Et à cette fin il se proposa d'écrire cet Arbre de Philosophie d'Amour. Pour que rien ne l'empêchât de l'ordonner et de l'écrire, il s'en alla dans une belle forêt, non loin de Paris, épaisse et pleine de sources, de prés et de ruisseaux, d'oiseaux et de bêtes sauvages. Raymond arriva dans un beau pré, au milieu duquel il y avait un grand arbre et une belle fontaine. Une belle dame très richement parée se trouvait à l'ombre de l'arbre. Elle pleurait, se lamentait et disait ces paroles... Raymond s'approcha de la dame. Il la salua humblement. Grâcieusement la dame le salua à son tour. Raymond demanda à la dame comment on l'appelait et quelle était la cause de ses larmes et de ses pleurs [1]...
>
> La dame voulut qu'il commençât l'*Arbre de Philosophie d'Amour*... Lorsque Raymond eut terminé le livre, il le présenta

1. *Arbre de Philosophie d'Amour*, prologue.

à la Dame d'Amour. La dame et Raymond l'apportèrent à Paris...[1].

L'expérience de rencontre personnelle vécue par Raymond est la même que celle qu'il a jadis attribuée aux trois sages. Il s'agit de raconter en figures, en images, une initiation, un roman spirituel qui n'est exprimable et communicable que par un symbolisme individuel. La rencontre est un événement de l'âme. L'expérience de Raymond dépasse les énoncés des récits. L'âme initiée par un guide entreprend un voyage à travers les symboles de l'arbre.

L'espace de la rencontre et du dialogue devient ici l'espace de l'écriture du livre. La question qui ? et quoi ? posée par Raymond est le moment très précis où se délie et se dénoue sa parole ; c'est le questionnement qui produit un nouvel espace, porteur de temps et d'histoire, porteur du livre, dans la mesure où la dame encourage Raymond àécrire et lui promet qu'elle lira ce qu'il a déjà écrit et ce qu'il va écrire. La question de Raymond efface et laisse un vide où la parole va pouvoir se faire entendre et où la parole va pouvoir se fixer en écriture. Mais qu'est-ce que le bien dire ? Qu'est-ce que le bien écrire ?

Abraham Aboulafia, mentionné plus haut, explique bien que le commencement est habité du silence, d'un espacement de vide ; c'est d'une éclipse, d'une disparition du divin que naît l'univers, le monde, c'est-à-dire les vingt-deux lettres de l'alphabet hébraïque. Le réel des mots porte en lui le secret de cette disparition ; entrer dans le texte, c'est évoluer dans un paysage de montagnes, de ruisseaux, de vallées, c'est parcourir le monde réel. L'usage des lettres est donc un acte de sainteté, porteur de sens. L'écriture concilie la parole et la perte, est prophétie ; par elle, l'homme perçoit le Logos divin.

Dans le *Livre du Gentil et des trois Sages*, Dame Intelligence, après avoir exposé les conditions des cinq arbres, après avoir guidé les intelligences des sages dans un voyage à travers les symboles des cinq arbres, salue les sages et se retire du récit. C'est elle-même qui est la question qui s'efface et qui laisse un vide où

1. *Op. cit.*, épilogue.

la parole va pouvoir se faire entendre dans un espace de dialogue. La fécondité, que j'élèverai ici avec Lévinas au rang de catégorie philosophique, est amenée par la prise de parole dialogale des trois sages, par l'ouverture de la bouche, par la sortie de la conception préfabriquée des êtres et du monde, par la sortie de leur propre identité croyante également. Telle est donc ici la condition du bien dire et du bien écrire pour l'écrivain qui, dès le départ, s'est à la fois effacé de son récit et mis négativement en question comme misérable et « indigne que son nom soit écrit en ce livre ou en tout autre », et qui, à la fin de l'ouvrage, invoquera sur son livre la bénédiction de Dieu.

> Les trois sages demeurèrent près de la fontaine sous les cinq arbres. Et l'un des trois sages s'exclama... Les deux sages approuvèrent ce qu'avait dit l'autre sage, et ils s'assirent ; ils commencèrent à regarder les fleurs des arbres et ils se rappelèrent leurs conditions et les paroles de la dame, puis ils décidèrent de discuter conformément à la méthode qu'elle leur avait révélée.

Le récit devient tout entier porteur d'un espace de dialogue. S'étant éveillés à la connaissance des symboles des arbres et donc au mouvement de l'interprétation, les sages se sont éveillés à la conscience de leur être, mais ils sont trois par rapport à une seule et même Intelligence et un seul et même ensemble de conditions des arbres et de significations des fleurs. Comment concevoir l'homologie de structure et de comportement, puisqu'ils appartiennent à des religions différentes ? Telle est la question initiale et fondamentale qu'ils posent.

> Ah, Dieu ! Quel grand bonheur si, par la vertu de ces arbres, nous pouvions être, tous les hommes, en une seule loi et en une seule croyance ! Quel bonheur, si disparaissaient de parmi les hommes la rancune et la mauvaise volonté qui les font s'affronter à cause de la pluralité de croyances et de sectes, et de leurs oppositions ! Et si, comme il n'y a qu'un seul Dieu, père, créateur et seigneur de tout ce qui est, tous les peuples s'unissaient pour n'en faire qu'un et étaient sur la voie du salut et si nous avions, tous ensemble, une foi et une loi et donnions gloire et louange à notre seigneur Dieu !

Au moment où les sages s'apprêtent à discuter de ce qu'ils croient, « sous ces arbres, à côté de cette belle fontaine », « selon les significations de ces fleurs et les conditions de ces arbres », c'est-à-dire, comme le précise le récit, « à agiter des questions l'un contre l'autre »,

> ils virent arriver le gentil qui errait par la forêt. Il avait une grande barbe et de longs cheveux ; il allait comme un homme accablé et il était maigre et pâle à cause du tourment de ses pensées et du long voyage qu'il avait fait ; ses yeux ruisselaient de larmes, son cœur ne cessait de soupirer ni sa bouche de gémir. Et par la grande angoisse de son tourment, il avait soif et voulut aller boire dans la fontaine avant de pouvoir parler aux trois sages ou les saluer.

Errant par la forêt, pleurant et gémissant, en proie au trouble le plus extrême, le gentil, comme les sages avant lui, arrive au-delà de la forêt, dans le pré. Mais lui ne rencontre pas Dame Intelligence. Il voit immédiatement la fontaine où se trouvait, montée sur son palefroi, Dame Intelligence et il boit au lieu même où elle se trouvait. Alors il peut parler et saluer les trois sages, alors il peut entendre leur salutation, voir les arbres, lire les fleurs des arbres et voir le maintien et les vêtements des sages. Et que lui disent ensemble les sages, interrompus dans leur désir de se questionner « l'un contre l'autre » ?

> Que le Dieu de gloire, père et seigneur de tout ce qui est, celui qui créa le monde et qui ressuscitera les bons et les mauvais, vous protège et vous soulage de vos souffrances.

Et que fait le gentil qui entend, qui voit et qui lit ?

> Il commença à penser et s'émerveilla très fort des paroles qu'il avait entendues et de ce qu'il voyait.

Penser et s'émerveiller sont deux notions très essentielles dans la philosophie et la théologie de Raymond Lulle. Le mot *meravellar-se* dans la langue catalane de Lulle a un sens très fort, beaucoup plus fort que celui de « s'étonner ». L'émerveillement est lié à la pensée et est caractéristique de l'âme qui s'ouvre à la connaissance divine. Le « chemin très beau » et la visualisation de ce chemin comme guide ont en effet amené le gentil à boire à la fontaine où se trouvait Dame Intelligence, à entendre la salutation des sages et donc à penser et à s'émerveiller et à pouvoir questionner à son tour les sages. Le chemin, accompli en fontaine d'eau courante, car *font* en catalan ancien est aussi la « source », est ainsi le passage même de la pensée ; il n'a pas nécessairement une signification spatiale ; il se construit pour le gentil dans la recherche et le questionnement issu d'un douloureux non-savoir.

Aux sages qui l'interrogent avec compassion, le gentil raconte d'abord son histoire. Puis, à son tour, il les interroge sur leur salutation, c'est-à-dire sur leur Dieu, sur la création et sur la résurrection.

> Le gentil leur répondit qu'il venait de terres lointaines, qu'il était gentil et allait comme un homme insensé par la forêt et que l'aventure l'avait mené jusque-là. Et il leur raconta dans quelle douleur et dans quelle peine il s'était mis. – Et vous m'avez salué en disant que Dieu m'aide, Dieu qui créa le monde et qui ressuscitera les hommes. Cette salutation m'émerveille beaucoup, car jamais je n'ai entendu parler du Dieu que vous nommez et jamais je n'ai entendu parler de résurrection. Celui qui pourrait me prouver et me démontrer avec de vives raisons la résurrection, celui-là pourrait délivrer mon âme de sa douleur et de sa tristesse... Sachez, en vérité, que la cause de la douleur dans laquelle je suis est que je me vois approcher de la mort et que je pense qu'au-delà de la mort il n'y a rien.

Ayant bu l'eau de la fontaine de Dame Intelligence, le gentil ne peut que recevoir une salutation qui suscite en lui la pensée du divin, l'« émerveillement ». Mais d'abord il sort de son destin d'homme condamné à la mort par le questionnement de l'autre, c'est-à-dire des trois sages ; par leur question, il se retrouve investi d'une responsabilité face à son propre futur, puisque de cette question dépend le sens de sa vie ; l'existence se donne à lui soudain, là où sa propre interprétation du monde se brise, défaille. Ensuite, du langage des trois sages, ensemble interrogés puisqu'ils ont ensemble salué, le gentil attend la possibilité d'un nouveau monde, désormais habitable par lui.

> Quand les trois sages eurent entendu et compris l'erreur du gentil et la passion qu'il endurait à cause d'elle, leurs cœurs se

> remplirent de charité et de pitié; et ils décidèrent de prouver au gentil que Dieu est... ils lui prouveraient tout cela par les fleurs des cinq arbres pour le mettre dans la connaissance de Dieu et de ses vertus et dans l'espérance de la résurrection, afin que son cœur se réjouît et qu'il se mît sur la voie du salut.

Les trois sages décident alors de démontrer au gentil «ce qu'il lui convient de savoir» avec quelques fleurs des cinq arbres successivement, et ils se laissent courtoisement à chacun l'honneur de commencer. Et le gentil, impatiemment, les prie de commencer sans plus tarder à parler.

La question posée par le gentil aux trois sages rejoint donc la question fondamentale de l'homologie et de la diversité qu'ils s'étaient posés après avoir écouté Dame Intelligence et qu'ils étaient sur le point d'oublier avant l'arrivée du gentil, sans doute parce qu'ils n'avaient pas eu le désir ni pris la peine de boire à la fontaine.

IV. *Le mouvement de la connaissance de Dieu : continuité et discontinuité*

Le gentil est philosophe et les trois sages, eux-mêmes philosophes, doivent fonder leur démonstration de l'existence de Dieu sur des idées communes à eux qui connaissent Dieu et au gentil qui l'ignore, c'est-à-dire sur des raisons d'ordre ontologique, théologique, éthique. Il suffit qu'il y ait entente sur une idée. Cette idée, c'est l'argument unique donné par l'illumination de grâce, propre à Anselme, abbé du Bec-Hellouin à la fin du XIe siècle[1], tel qu'il le développe dans le *Proslogion* vers 1078, à

1. Anselme, alors prieur et écolâtre de l'abbaye du Bec, écrit dans le préambule du *Proslogion* en 1078 : «J'ai commencé à chercher s'il se pouvait trouver par hasard un argument unique qui n'eût besoin de nul autre que soi-même pour se prouver et qui, seul, suffît à garantir que Dieu est vraiment, qu'Il est le bien suréminent, n'ayant besoin de nul autre, dont tous ont besoin pour être et être bien...» (Préambule, 93 : trad. de Michel Corbin, dans *L'œuvre de saint Anselme de Cantorbéry*, t.1 : *Monologion*, *Proslogion*, Paris, Cerf, 1986). Sous ce désir démesuré, le livre est une quête d'intelligence des choses de Dieu si intérieure à une supplication que la distinction ultérieure thomiste entre la théologie ou science spéculative qui s'acquiert par l'étude et la mystique qui se reçoit «par mode d'inclination»

savoir la nécessité de l'existence réelle de l'être par excellence « tel que rien de plus grand ne se puisse penser », « suréminent » et « plus grand que le plus grand qui se peut penser », c'est-à-dire surabondance ou suréminence qui ne peut se dissocier du mouvement de l'homme vers elle. Dame Intelligence a en effet énoncé en des termes anselmiens les conditions du premier arbre :

> L'une d'elles est que l'on doit toujours connaître en Dieu et lui attribuer la plus grande noblesse en essence, en vertu et en œuvres ; la deuxième est que les fleurs ne soient pas contraires les unes aux autres et que les unes ne soient pas inférieures aux autres. Celui qui ignore ces deux conditions ne peut parvenir à la connaissance de cet arbre, ni de ses vertus, ni de ses œuvres.

Car les dix conditions des cinq arbres sont destinées à susciter la mise en mouvement vers « la connaissance de Dieu, de ses œuvres et de la propre croyance », a dit Dame Intelligence qui s'est aussitôt retirée après ces paroles. Aux sages donc de prouver par exemple l'immortalité de l'âme et sa tendance à réaliser au plus haut degré de perfection possible les vertus dont elle a l'intelligence. Parmi les fleurs du premier arbre, l'amour est aussi l'amour de la créature pour son propre être, étant et devenant ; c'est là le penchant opposé à la tendance au néant, héritage nécessaire de toute créature finie, selon Lulle, qui angoisse le gentil.

> Quand les trois sages eurent prouvé au gentil par les fleurs des arbres que Dieu était et qu'il y avait en lui bonté, grandeur, éternité, pouvoir, sagesse, amour et perfection, et quand ils lui eurent manifesté la résurrection, alors le gentil se remémora et comprit les raisons qu'ils avaient dites et il regarda les arbres et les fleurs. Aussitôt la splendeur divine illumina son entendement qui demeurait dans les ténèbres et réconforta son cœur par le chemin du salut.

Après avoir entendu les sages, le gentil fait mémoire, c'est-à-dire que, sous la Parole de l'Intelligence divine énoncée par les sages, il donne une autre signification à la douloureuse impossi-

(*Somme théologique*, Ia, q.1, art.6, 3m) lui sont inapplicables. La relation vers Dieu appartient au contenu même de la foi qu'il s'agit de reconnaître.

bilité de saisir Dieu par sa raison humaine; faisant mémoire, il comprend et, comprenant, il se découvre débordé, radicalement incapable de voir plus qu'il ne voit les arbres et les fleurs qui deviennent provision, don pour un chemin qui va toujours plus loin vers Dieu; alors les ténèbres cessent d'être le vide silencieux où se perdent l'angoisse et les cris et les larmes du gentil; traversées et inversées en splendeur divine, elles se manifestent comme l'espace non limité, non encore parcouru, offert au désir, chemin du salut. Le Pseudo-Denys n'a t-il pas écrit dans *Les Noms divins* (VII, 2, PG 3/869 A) : «Nous appelons insaisissable et invisible Ténèbre la Lumière inaccessible parce qu'elle transcende la lumière qui se voit». Et Anselme dans le *Proslogion* : «Telle est vraiment, Seigneur, la lumière inaccessible en laquelle tu habites... En vérité je ne la vois pas car elle est trop forte pour moi; tout ce que je vois, par elle pourtant je le vois... O lumière suréminente et inaccessible! En toi je suis mû, en toi je suis et je ne puis accéder à toi...»[1]. Le gentil, comme Anselme dans sa chambre secrète, découvre ainsi que sa condition est celle d'une créature ignorante et misérable et que la vraie humilité consiste à accepter d'être saisi par Dieu, empli par lui :

> Ah, hélas, coupable que tu es! Tu as si longuement reçu les dons divins en cette présente vie, du Très-Haut qui t'a donné d'être, et tu as mangé et bu ses biens, et il t'a donné tes vêtements et il t'a donné les enfants et les richesses que tu as, et il t'a tenu en vie et t'a honoré longuement parmi les hommes. Et toi, pas un jour ni une heure, tu ne lui as rendu grâces et tu n'as pas obéi à ses commandements! Ah, pauvre misérable! Combien tu t'es ainsi trompé par l'ignorance qui a gardé aveugles les yeux de ton âme, et tu n'as pas connu ce Seigneur si honorable, si glorieux, digne de si grands honneurs!.

Ayant ainsi traversé l'angoisse de l'ignorance et de l'absence de Dieu, s'étant heurté aux ténèbres et au vide de son âme, le gentil retourne la situation en pensant un au-delà de son angoisse et en trouvant une issue qui est Dieu; c'est la liaison effectuée entre la preuve de l'existence de Dieu, assortie de la preuve de la

1. *Proslogion*, chap.16, *op. cit.*

résurrection, et la confession personnelle et libre de sa transcendance qui lui permet d'opérer ce retournement.

> Quand le gentil eut dit ces paroles, il sentit son âme délivrée des souffrances et de la tristesse, elle qui avait si longuement et cruellement souffert de son errement et de son incroyance. La joie et l'allégresse que le gentil éprouva, qui pourrait vous les décrire ? Et la bénédiction qu'il exprima aux trois sages, qui pourrait vous la dire ? Le gentil s'agenouilla à terre et leva ses mains vers le ciel et ses yeux qui avaient été remplis de larmes et de pleurs, et d'un cœur fervent il adora et dit : – Béni soit le Dieu glorieux... Seigneur, je te rends grâces de ce qu'il t'a plu te rappeler l'homme pécheur qui était à la porte de l'infinie et infernale malédiction... Je t'adore, Seigneur, je bénis ton nom... Et plaise à toi, Seigneur, que, si l'ignorance m'a fait t'ignorer, la connaissance en laquelle tu m'as mis me fasse t'aimer, t'honorer et te servir. Et désormais que tous les jours de ma vie et toutes mes forces corporelles et spirituelles soient uniquement ordonnés à t'honorer et te louer et à désirer ta gloire et ta bénédiction, et qu'il n'y ait que toi seulement dans mon cœur !

La confession du gentil a fait place à la louange et au désir de louange. L'illumination et le réconfort donné à l'âme du gentil par la splendeur divine se poursuivent en joie extrême. Mais plus grand et glorieux se donne à connaître Dieu, plus l'erreur et l'infidélité des hommes se rappellent et s'imposent à l'esprit du gentil, et en particulier celles « de sa terre, de son père et de sa mère... et de tous les gens qui étaient dans cette terre et qui se trouvaient sur le chemin du feu éternel, chemin qu'ils ignoraient et où ils se trouvaient par défaut de grâce ». « Alors, écrit Raymond, il pleura très intensément ». Ainsi l'illumination divine qui amène le gentil à confesser la transcendance de Dieu le pousse également à s'exposer aux conditions des arbres et à en recevoir un contenu prescriptif, éthique, qui serait la proposition d'existence répondant de la manière la plus appropriée à la proposition du monde que les conditions des arbres impliquent. A la sollicitation par l'Intelligence qui a apaisé la soif et l'angoisse du gentil correspond une exigence de sollicitude, de souci de l'homme ; cette sollicitude ébranle la sphère fortifiée du moi amené à une nouvelle existence par sa jonction avec l'Intelligence divine, et le pousse vers l'autre, vers tous les autres. Le gentil éprouve alors une profonde pitié «pour son père et sa mère et pour ses parents et tous les gens qui étaient morts en cette terre et avaient perdu la gloire de Dieu».

Connaître, comprendre, regarder les arbres et les fleurs, avoir son propre entendement illuminé par la splendeur divine et sortir ainsi des ténèbres et des larmes, tout cela suscite la capacité et le désir d'entrer avec le monde sensible dans un rapport de transformation. Parce que le gentil se trouve dans un monde intermédiaire, celui où se présente Dame Intelligence dans un pré ombragé de cinq arbres et arrosé par une fontaine, il est conduit à avoir une nouvelle perspective sur le monde sensible, une exigence de sollicitude pour le monde sensible, dont il est sorti par le chemin «très beau». Cette exigence n'est pas de l'ordre du savoir, mais de l'ordre de l'expérience : celle de créer un espace de proposition de sens à partir d'une transformation du monde, celle d'habiter différemment le monde. C'est pourquoi, en pleurant, il interpelle les sages :

> Ah, seigneurs sages ! Vous qui bénéficiez si grandement des dons de la grâce, comment n'avez-vous pas pitié de tant de gens qui sont dans l'erreur et qui n'ont pas connaissance de Dieu et qui ne remercient pas Dieu du bien qu'ils reçoivent de lui ?... Par Dieu je vous prie, seigneurs, d'aller dans cette terre et de leur prêcher, et de m'enseigner à moi comment je peux honorer et servir Dieu de tout mon pouvoir. Et qu'il vous plaise de m'instruire tant que, par la grâce de Dieu et par votre doctrine, je sache et puisse conduire sur le chemin du salut de si nombreuses gens qui se trouvent sur le chemin du feu éternel.
>
> Quand le gentil eut dit ces paroles, chacun des trois sages lui répondit et lui dit de se convertir à sa loi et à sa croyance.

Au cœur de l'éthique du pouvoir-être autrement, les sages ensemble proposent au gentil trois chemins, trois modalités de lois et de croyances qui provoqueront de petits séismes à l'intérieur des blocs de signification, de sorte que l'interprétation du gentil ne puisse pas glisser trop uniment sur la surface continue et lisse de la connaissance de Dieu. Le postulat même que l'être en sa profondeur essentielle serait absolument continu est aussi ancien que la pensée : c'est la grande sphère parménidienne, c'est le modèle d'univers d'Einstein. Faut-il alors voir dans la discontinuité, dans la rupture, un signe du malheur de l'entendement et de la compréhension analytique, plus généralement un défaut de la structure humaine, marque de notre finitude? Ne peut-on pas supposer que l'homme, créé à l'image et à la ressemblance de Dieu selon la Genèse, révèle que ce divin n'a pas moins affaire à l'exigence de la discontinuité qu'à celle de l'unité[1]? La conversion à une loi et à une croyance, dans cette perspective, apparaît comme la marque de la discontinuité et de la rupture. Le gentil est alors empli de tristesse et de colère, mais il questionne encore les trois sages :

> Et qui d'entre vous, dit le gentil, a la meilleure loi, si aucune des lois n'est la vraie? Chacun des trois sages répondit et parla l'un contre les autres, et chacun loua sa croyance et critiqua la croyance des autres.
>
> Le gentil, qui entendit que les trois sages se querellaient et que chacun disait à l'autre que sa croyance était l'erreur par laquelle l'homme perdait le bonheur céleste et allait dans la peine de l'enfer, eut le cœur encore plus rempli de colère et de tristesse qu'auparavant, et il dit : – Ah, seigneurs, vous m'aviez donné tant de joie et tant d'espoir! Et quelle grande tristesse vous aviez chassé de mon cœur! Et voici que vous me plongez maintenant dans une colère et une douleur plus grandes car, avant, je ne craignais pas de devoir endurer après ma mort des tourments infinis. Et maintenant, je suis sûr qu'une peine est préparée pour tourmenter mon âme après ma mort, si je ne suis pas sur le vrai chemin!... En disant ces paroles, le gentil ne put se retenir de pleurer, et le désespoir en lequel il était est indescriptible.
>
> Longuement le gentil demeura inconsolable et longuement son âme fut torturée de douloureuses pensées; mais à la fin il

1. Cette question que je pose à partir de Maurice Blanchot dans *L'Entretien infini*, Paris, Gallimard, 1969, est étayée par cet auteur de la façon suivante : « Je rappelle, écrit-il p.11, ce que la théorie des ensembles a permis de poser : contrairement à une longue affirmation, il y a une *puissance* d'infini qui élève l'infinité au-dessus du continu ou encore le continu n'est qu'un cas éminent de l'infinité ou, comme le dit J. Vuillemin, « l'infini est le genre dont le continu est une espèce » (*La philosophie de l'algèbre*) ».

> pria les trois sages, le plus humblement et le plus dévotement qu'il put, de discuter devant lui et de lui expliquer chacun sa raison, comme il le pouvait et le savait le mieux, afin qu'il pût voir lequel d'entre eux se trouvait sur le chemin du salut.
>
> Et les sages répondirent en disant qu'ils discuteraient volontiers devant lui et que, avant même qu'il fût venu en ce lieu, déjà ils voulaient discuter pour chercher et savoir lequel d'entre eux était sur le vrai chemin et lequel était dans l'erreur.

Le gentil, qui a bu à la fontaine de Dame Intelligence et dont l'entendement a été illuminé par les raisons des arbres et ainsi amené à la connaissance de Dieu, de l'immortalité de l'âme et de la résurrection, souhaite alors comme les sages un monde où le bien et le mal soient nettement discernables, à défaut du vrai, car il a en lui le désir de juger avant de comprendre; c'est pourquoi son âme est «longuement inconsolable». Sur ce désir sont fondées précisément les religions, mais aussi les idéologies; les religions, comme les idéologies, traduisent la relativité et l'ambiguïté du monde dans leur discours doctrinaire, dogmatique; elles exigent que quelqu'un ait raison et que tous les autres qui ne pensent pas comme lui soient dans l'erreur. La connaissance a depuis Platon et Aristote la forme d'une marche vers l'unité; elle constitue l'apparition au sein d'une multiplicité d'êtres d'un système raisonnable; elle est la suppression de l'Autre par la saisie, par la prise. Mais le gentil, parce qu'il a bu à la fontaine qui est source de vie, à la différence des sages qui se querellent et s'apprêtent à lui répondre par des affirmations de doctrine, est l'homme de la question; il échappe à tout enfermement dans une quelconque définition, dans une quelconque doctrine, il ne coïncide avec aucune identité, il n'est pas un être passif, il a la possibilité de poser des fins définissant ce qui doit être et ce qu'il doit être.

La question suppliante du gentil instaure un commencement qui est une rupture, une résistance au langage institué des sages en querelle de lois et de croyances différentes; cette résistance, qui est le véritable combat, rouvre les mots. Alors peut émerger dans le monde imaginal de Raymond une parole éthique, au sens où l'éthique est, selon la définition de Daniel Sibony, «la recherche du lieu où la parole met en acte ses points de renouvellement alors que tout est supposé acquis »[1].

V. *La prise de parole des trois sages*

Les trois sages se demandent alors ensemble comment ils procèderont dans cette discussion.

> Un autre des sages répondit : La meilleure manière de procéder que nous pouvons avoir et par laquelle nous pouvons mieux qu'auparavant annoncer la vérité à ce sage seigneur gentil, qui nous prie avec tant de cœur de lui démontrer le chemin du salut, consiste en celle que nous a indiquée Dame Intelligence. Avec les mêmes fleurs par lesquelles nous avons prouvé au gentil que Dieu est et qu'en lui sont les vertus et que la résurrection est, que chacun de nous s'efforce de prouver les articles de sa foi, grâce auxquels il espère se trouver sur le vrai chemin. Et celui qui pourra le mieux, selon sa croyance, accorder les articles en lesquels il croit avec les fleurs et les conditions des arbres, celui-là signifiera et démontrera qu'il est dans une meilleure croyance que les autres.

La difficulté du commencement est elle-même éthique, dans la mesure où elle s'oppose à la simple répétition sans innovation ; elle est liée au concept de naissance, au fait que l'être humain apparaît par vertu de naissance[2]. L'action de discours des sages

1. Daniel Sibony dans *La Jouissance du dire*, Paris, Grasset, 1985, p.173, écrit également : « La langue devient habitable, paradoxalement, dans la mesure où l'on s'y déplace, où on lui fait signifier des choses qui sont autant d'exils et d'expulsions hors des habitudes, et dans la mesure où les voyages qu'on y fait la ruinent et la construisent à la fois ».

2. Hannah Arendt dans *Essai sur la révolution*, Paris, Gallimard, TEL, 1985, p.312-313, écrit à propos de la quatrième églogue de Virgile : « ... le salut potentiel du monde réside dans le fait même que l'humanité se régénère constamment et à tout jamais... il me paraît que le poète du premier siècle avant Jésus-Christ développe à sa manière ce que saint Augustin au Ve siècle de l'ère chrétienne devait articuler en langage conceptuel et christianisé : Initium ergo ut esset, creatus est homo – L'homme a été créé pour qu'il y eût un commencement –, et qui finalement devait apparaître au cours même des révolutions de l'époque moderne... la capacité même de commencer a sa racine dans la natalité, dans le fait pour l'être humain d'apparaître au monde par vertu de naissance ».

est éthique, parce qu'elle envisage l'annonce de la vérité, non pas dans ce qu'elle a été ou est, mais dans ce qu'elle a à être à chaque fois nouvelle et « mieux », grâce à l'enseignement de Dame Intelligence. Cette action comporte un risque, puisqu'elle aura une faculté de persuasion ou de non-persuasion. Ainsi la parole éthique des sages n'est d'emblée ni héritage transmis, ni parole réalisante ; elle construit ou déconstruit le sujet de loi et de croyance qui la prononce ; elle est interprétation, car c'est dans l'interprétation que l'homme peut trouver le chemin de cet être autrement ; elle introduit l'intervalle et la distance entre les sages, elle échappe à l'effacement des différences.

Raymond poursuit alors :

> Chacun des sages tint pour bon ce que le sage avait dit. Et parce que chacun voulait honorer les autres, chacun hésitait à commencer le premier. Mais le gentil demanda quelle loi était d'abord. Et les sages répondirent que c'était la loi des juifs. Le gentil supplia alors le juif de commencer.

Dans cette invite inlassable et infinie au commencement de l'interprétation, c'est-à-dire à la rupture, à l'ébranlement de soi, les sages expriment un souci fondamental : s'efforcer de soustraire la langue, le texte et ceux qui les parlent à une mortelle pétrification où les mots n'auraient plus le pouvoir de signifier aucune actualité effective ou émotionnelle. Le gentil, parce qu'il est ouvert au questionnement, à un pouvoir être autrement, parce qu'il est dans le mouvement de l'incertitude et de la sollicitude à l'égard de l'Autre et des autres, donne alors la possibilité de la mise en chantier de la pensée sous la forme du dialogue ; c'est sa question sur l'ancienneté de la loi qui détermine le juif à parler en premier et lance donc le dialogue. Par lui, les trois sages acceptent de s'exposer aux points de vue des autres, de s'exposer à leur propre communauté et à l'ensemble du monde partagé, ce qui n'est pas l'abolition des opinions ni la neutralité du « nous », mais au contraire la constitution de l'espace politique de la polarité et de la confrontation[1].

1. Hannah Arendt dans *La crise de la culture*, chapitre intitulé « Qu'est-ce que la liberté ? », Paris, Gallimard, Folio/Essais, 1989, p.192, écrit : « Etre libre exige, outre la simple libération, la compagnie d'autres hommes,

Dans le passage suivant, Raymond Lulle amorce une réflexion sur la violence que comporte le dialogue ; il y a une violence nécessaire qui a pour fonction de réveiller le moi d'un sommeil dogmatique pour le ramener à la vigilance, mais il y a une violence qui vise à la neutralisation de l'espace dialogique, qui tend à supprimer toute pluralité politique, toute conflictualité, toute capacité de penser et de pouvoir être autrement au nom d'une vérité qui a déjà pensé ce qu'il faut penser et dit ce qu'il faut dire.

> Avant de commencer, le juif demanda au gentil et à ses compagnons s'ils interrompraient ses paroles. Et par la volonté du gentil il fut décidé entre les sages qu'aucun n'objecterait rien à celui qui raisonnerait, car les oppositions engendrent dans le cœur humain la malveillance, et la malveillance empêche l'entendement humain de comprendre. Mais le gentil supplia les sages de lui permettre à lui seul de critiquer leurs raisons, quand cela lui semblerait bon, afin qu'il pût mieux chercher la vérité de la vraie loi, qu'il désirait tant comprendre ; et chacun des sages le lui accorda.

Dans sa relation de la *Dispute de Barcelone* qui eut lieu en 1263 à Barcelone en présence du roi Jacques Ier le Conquérant, du dominicain Raymond de Penyafort et peut-être aussi, pourquoi pas, de Raymond Lulle familier du roi et proche du temps de sa conversion, Rabbi Moïse Ben Nahman, dit Nahmanide, figure prestigieuse du judaïsme espagnol au XIIIe siècle, exprime avant le commencement du débat un souci très semblable :

> Notre seigneur le roi m'ordonna de disputer avec le frère Paul en sa présence dans son palais de Barcelone. Je répondis en ces termes : – Je ferai comme l'ordonne monseigneur le roi, s'ils me permettent de parler comme je le veux. Et pour cela, je demande la permission du roi et celle du frère Raymond de Penyafort, ainsi que de ses confrères qui sont présents. – A la condition de ne point faire outrage à la foi, répondit le frère Raymond de Penyafort. – Je ne veux aucunement dépendre de votre jugement là-dessus, répliquai-je, mais je tiens à pouvoir

dont la situation est la même, et demande un espace public commun où les rencontrer – un monde politiquement organisé, en d'autres termes –, où chacun des hommes libres pût s'insérer par la parole et par l'action ».

> dire tout ce que je désire au cours de la dispute, de même qu'il vous est possible de dire tout ce que vous voulez. Pour ma part j'ai savoir et instruction pour exprimer avec retenue ce qui sera, cependant, mon intime conviction. Ils me donnèrent tous la permission de parler librement. Je repris alors la parole et dis : – Juifs et gens d'Eglise ont maintes fois disputé au sujet d'enseignements et de rites dont ne dépendait pas l'essence de la foi. Mais je souhaite qu'en cette noble assemblée ne soit débattu que de l'essentiel, de ce à quoi tout est suspendu, et non de choses insignifiantes qui ne comportent rien de fondamental. – Voilà qui est bien dit, répondirent-ils tous ! Puis nous nous mîmes d'accord pour parler d'abord du problème du Messie...[1].

Mais, en 1263, dans le cours de la Dispute, l'approche chrétienne de la tradition rabbinique et du Talmud n'est pas théologique, malgré les insistantes réclamations de Nahmanide, mais sociale et politique. Il s'agit en effet pour l'Eglise de discréditer les maîtres du judaïsme auprès de leurs contemporains juifs ; c'est le lien social qui est ici menacé. En remettant en cause le fondement sur lequel reposent la vie juive et la socialité, en cherchant à s'approprier le Talmud et en discréditant les maîtres, les dominicains peuvent espérer dissoudre les communautés juives enclavées dans la société chrétienne. Il ne s'agit donc pas ici d'écouter Nahmanide et de faire droit à la différence théologique et métaphysique qu'il tâche d'exprimer, mais de l'exclure d'une société qui doit être uniquement chrétienne et dans laquelle l'Eglise aspire à dominer les Etats et les communautés, les groupes sociaux et les individus.

Le dialogue, dans le *Livre du Gentil et des trois Sages*, est fondé sur l'écoute attentive et la compréhension, qui n'a rien à voir avec l'entente ; il accepte l'œuvre de l'altérité de l'autre homme qui, venue au langage, devenue question, remet toute certitude en question ; le décalage ainsi réalisé par l'écriture de Raymond entre le réel et l'idéal institue un espace de temps qui autorise l'action éthique, qui est la vie publique même. A chacun de se risquer dans sa perception du monde dans les limites d'un

1. Moïse Ben Nahman (Nahmanide), *La dispute de Barcelone*, trad. franç. d'Eric Smilévitch, Verdier, « Les dix paroles », 1984, p.27.

jeu consensuel. Les discours des sages dans le livre sont destinés à prouver les dogmes qui distinguent leurs croyances respectives ; ils sont donc essentiellement théologiques et métaphysiques, révélateurs dans certains cas des conditions sociales et culturelles des communautés. Le dialogue n'est donc surtout pas cet échange d'idées où les interlocuteurs entrent les uns dans la pensée des autres pour faire entendre raison car, dans ce cas, le dialogue a pour seul but « d'arrêter la violence en ramenant les interlocuteurs à la raison, installant la paix dans l'unanimité, supprimant la proximité dans la coïncidence. Voie de prédilection de l'humanisme occidental », écrit Lévinas[1]. Et l'on pourrait ajouter : voie éminemment violente de l'Inquisition et des dominicains du XIIIe siècle en Catalogne.

Par sa présence critique, le gentil prend précisément en charge la différence entre les sages et la dynamise, dans la mesure où il construit une différence au sein même de la différence ; il maintient la question ouverte, il introduit dans l'enseignement des sages un mouvement incessant entre ce qui est déjà dit et ce qui est à dire, ce qui est en train de se dire autrement. Il donne alors aux trois sages, en cherchant toujours « mieux » « laquelle des trois lois est conforme à la vérité », son refus d'enfermer sa perception dans un concept qu'il pourrait lui-même nommer vérité. Il donne, mais que prend-il si ce n'est la différence même, l'éclatement de la vérité ? N'est-il pas alors véritablement le maître qui enseigne les trois sages par son silence, son écoute, sa question ?

A propos des discussions talmudiques, le Talmud dit : « Les paroles des uns et les paroles des autres sont paroles de Dieu vivant » ; la parole de la Révélation est une parole plurielle, comme le dit David dans le Psaume 72, 12. Dans cette polémique incessante, la conciliation n'est pas cherchée. S'ouvrant à la reconnaissance de l'altérité d'un autre esprit, sortant de soi, la conscience éclate dans un mouvement vers l'extériorité du monde mais aussi vers l'Autre. De même il est écrit dans le Coran (7, 4-6) : « Appelle à la voie de ton Seigneur par la sagesse et par la belle exhortation et polémique avec eux par ce qui est le plus

1. Emmanuel Lévinas, *De Dieu qui vient à l'idée*, Paris, Vrin, 1986, p.217.

beau ». En effet un véritable consensus ne peut jamais être établi, parce que le sens intérieur qui s'écarte du sens littéral ne doit pas et ne peut pas être communiqué publiquement. Dans le Livre 10 des *Confessions* Augustin oppose à la *veritas lucens* la *veritas redarguens* –la vérité qui accuse ou qui remet en question. Ainsi la vérité est un éveil au mouvement de l'esprit, au questionnement, à la responsabilité et aussi à l'in-quiète liberté de l'homme.

Avant de prendre la parole sur sa croyance, chaque sage invoque longuement Dieu. Une relation s'exerce ainsi vers Dieu et appartient au contenu même de la foi qu'il s'agit de reconnaître et de faire reconnaître au gentil, ce qui est une attitude anselmienne, comme nous l'avons examiné plus haut. Invoquant pour reconnaître ce qu'il connaît déjà par sa foi, reconnaissant pour mieux invoquer, chaque sage enracine l'œuvre de sa raison éclairée par les conditions et les fleurs des arbres sur un mouvement qui se déploie à mesure qu'avancent les raisons et ne peut être lui-même défini mais seulement exercé, réitéré, réinventé. Ainsi chaque sage requiert du gentil qu'il pense et prie avec lui en direction de l'Unique. Le Dieu de la prière, de l'invocation, apparaît comme plus ancien que le Dieu déduit à partir des conditions et des fleurs des arbres ; le vieux thème commun de l'homme fait à l'image de Dieu prend un sens nouveau, mais c'est en l'autre que cette ressemblance s'annonce ; le mouvement même qui mène à autrui, écouté et compris dans l'espace imaginal du dialogue polémique, mène à Dieu.

Les trois prières relatées par Raymond prouvent sa bonne connaissance des habitudes religieuses des différentes communautés et proposent une interprétation théologique de la différence.

> Au commencement le juif fit sa prière et dit : – Au nom du Dieu unique et puissant, en qui est notre espérance qu'il nous délivre de la captivité en laquelle nous sommes. Et lorsqu'il eut fini sa prière, il dit...
>
> Le chrétien s'agenouilla et baisa la terre et éleva ses pensées vers Dieu et ses yeux et ses mains vers le ciel. Devant son visage il fit le signe de la croix en disant ces paroles : – Au nom du Père et du Fils et du Saint Esprit, un Dieu en trinité, et trinité en unité. Quand le chrétien eut fait révérence à l'unité et à la trinité divine, il fit à nouveau le signe de la croix et, en

> l'honneur de l'humanité de Jésus Christ, il dit ces paroles : Adoramus te, Christe, et benedicimus tibi, quia per crucem tuam redemisti mundum. Quand le chrétien eut fait sa prière, il dit...
>
> Quand le sarrasin vit qu'il était l'heure et le temps pour lui de parler, alors il alla à la fontaine et se lava les mains et le visage et les oreilles et le nez et la bouche; et après il lava ses pieds et quelques autres lieux de sa personne, afin de signifier le péché originel et la pureté de son cœur. Et après il posa sa tête sur la terre et s'agenouilla trois fois en posant sa tête sur la terre et en baisant la terre, puis, en levant son cœur, ses mains et ses yeux vers le ciel, il dit ces paroles : – Au nom de Dieu miséricordieux qui fait miséricorde, à lui soit donnée louange, car il est le seigneur du monde. C'est lui que j'adore et c'est en lui que j'ai confiance, car il est la direction de la droite route du salut. Le sarrasin dit beaucoup d'autres paroles, selon qu'il en avait l'habitude dans sa prière.

La prière du juif est la plus courte, mais c'est celle qui est « au commencement » et l'emploi de cette expression par Raymond est significatif. Le juif qui est le premier dans l'ordre du discours, parce qu'il est le premier dans l'ordre de la Révélation divine et de la croyance, a essentiellement l'initiative du bouleversement, de l'ébranlement, de la signifiance ininterrompue de sens. Aussi n'est-il pas étonnant que sa prière évoque le Dieu qui libère, qui provoque la rupture d'un système clos, qui exclue l'asservissement. L'altérité juive est ici la possibilité même de la temporalité, du temps, et donc du maintien de la question ouverte, de l'écoute de la Révélation, de l'ouverture à l'Autre. Lorsque le juif a fini de parler et que le gentil demande qui parlera après lui, c'est le juif qui prend l'initiative de répondre :

> Selon l'ordre, le chrétien doit commencer le premier, car sa loi fut avant celle des sarrasins.

La question du gentil n'est pas posée en fait sur la succession immédiate des discours, mais sur la possibilité de l'écoute de la Révélation dans l'histoire : à partir de quand la Révélation est-elle audible ? N'est-ce pas à partir du moment où apparaît le visage d'un autre, le chrétien, puis le sarrasin, marqué dans sa singularité, dans son unicité, dans l'impossibilité de l'interchanger avec un autre visage[1]? Le chrétien demande alors au sarrasin « s'il lui plaisait qu'il commençât, comme le gentil le voulait ». Et le sarrasin accepte, responsable lui-même de cet autre qui le questionne par le simple fait de sa différence et de sa singularité.

La prière du chrétien est adressée à la Trinité et non, selon la tradition biblique et liturgique du christianisme, au Père. Tout en exprimant clairement la spécificité chrétienne, ne souligne-t-elle pas surtout, dans la perspective qui est celle de Raymond, que tout ne s'apaise pas dans le Même, dans la seule identité de l'identique et de l'Unique, et que l'Etre divin est substantiellement pluriel et trinitaire ? Le *Monologion* d'Anselme consacre trente-quatre chapitres à la confession trinitaire ; au chapitre 79, par exemple, Anselme écrit : « Voici qu'il apparaît important pour tout homme de croire en une certaine et ineffable Unité trine et Trinité une... Il est possible de dire : cette Trinité suréminente et une, ou cette Unité suréminente et trine, est une essence et trois personnes ou substances ». Raymond choisit d'encadrer l'invocation de la Trinité par un double signe de la croix effectué par le chrétien « devant son visage » ; puis la seconde prière est dite « en l'honneur de l'humanité de Jésus Christ ». Dans le *Proslogion* et dans le *Cur Deus Homo*, Anselme explique bien que c'est dans la chair disloquée du Fils que Dieu se révèle Dieu « dont plus grand ne se puisse penser » et que c'est dans cet événement que parle la Parole divine et que fonctionne la fonction négative qui nie toute saisie représentative d'elle-même et dont Anselme fera le ressort de sa preuve de l'existence de Dieu. Cette référence à l'événement de la croix où « Dieu se révèle encore plus Dieu », pour reprendre la formule anselmienne, est en effet la seule possibilité qui s'offre au chrétien pour surmonter les contradictions et les faiblesses propres au discours sur Dieu et le seul chemin qui mène à la connaissance de Dieu : la limite se brise en s'acceptant ; le respect de l'altérité de Dieu fait que cette limite même de l'intelligence humaine devient le point d'un passage. Le dernier

1. Emmanuel Lévinas, *Totalité et infini*, Le Livre de Poche, p.279 sur la connaissance. La transcendance ou l'irréductibilité du visage ne signifie pas une appropriation, c'est-à-dire une connaissance qui serait l'annulation de la multiplicité dans une réduction à l'unité du langage formel, au concept, mais un respect.

chapitre du *Proslogion* veut susciter l'exercice dans le Christ de la relation à Dieu toujours plus grand; cet exercice, c'est la prière qui n'a d'autre fin qu'elle-même en la personne même du Christ. La prière du sage chrétien constitue donc la prise de décision de se transcender dans une existence différente; marquant par deux fois son visage du signe de la croix, il fait ainsi éclater le miroir de l'image de soi pour lui permettre de se construire autrement.

Dans cette éthique du pouvoir être autrement par le discours, le sage musulman, par ses gestes et par son invocation, introduit la notion de préparation et de purification morale qui est aussi la perfectibilité, l'événement de la mise au monde d'un être régénéré portant en lui la promesse d'un avoir à être et à dire. Il signifie ainsi que la recherche de la connaissance de Dieu doit être précédée par la peur de regarder Dieu ou par le sens de la honte. La perfection intellectuelle est nécessairement précédée par la perfection morale[1], par le fait que l'on a acquis l'habitude d'éviter ce qui est vil et de faire ce qui est noble; la perfection morale paraît ici particulièrement liée à la tempérance. L'« ébranlement majeur de l'âme », si important dans les récits d'Avicenne et de Sohravardî, est impliqué par cette purification morale. Ensuite seulement, le sage, parce que sa nature humaine est venue à être essentiellement spirituelle, peut poser sa tête sur la terre, s'agenouiller, lever son cœur, ses mains et ses yeux vers le ciel et dire les paroles qui le mettent en relation avec Dieu, c'est-à-dire dans « la direction de la droite route du salut ». A la fois le sage attend que Dieu descende vers lui, c'est-à-dire qu'il se révèle, et à la fois il se met en situation ou plutôt en direction d'accomplir un parcours de la terre au ciel à travers le monde symbolique du discours et de susciter le propre parcours et le propre questionnement de celui qui l'écoute, le gentil mais aussi chaque autre sage.

La prière du musulman introduit de ce fait nécessairement une nouvelle distance, un nouvel intervalle; elle marque que le troisième discours ne vient rien combler, qu'il n'est ni la synthèse, ni le troisième terme qui viendrait abolir la contradiction, qu'il fait obstacle décisivement à la mort de la pensée. La parole

1. C'est ce que Maïmonide expose très précisément au début du premier Livre du *Guide des Egarés*. Cf. Léo Strauss, *op. cit.* p. 321-322.

n'est donc pas ici une parole qui ferme le dialogue, qui le résoud, autour de laquelle le groupe se recueille pour être unanimement ensemble ; elle permet l'échec du groupe et le constitue autour de cet échec. Ainsi le troisième sage, après les deux premiers, comme les deux premiers, par la rupture, par l'arrachement, par l'ébranlement de sens, contribue à fonder un espace dialogique et polémique qui est éthique et politique, dans la mesure où la politique est justement l'espace de cet arrachement par le combat qui ouvre à la « vérité » en nous arrachant du sens habituel a-moral et a-problématique du monde. Maïmonide dans le *Guide des Egarés* dit encore qu'il faut

> être pleinement éveillé et, pour ainsi dire, ne rien présupposer comme allant de soi... afin de devenir capable de poser les questions qu'il faut... l'homme, parce qu'il possède le discours, est rendu parfait par l'art de questionner et de raisonner et de s'adresser à la multitude et à l'élite en ce qui concerne les choses divines et les choses semblables aux divines.

De même pour Ghazâlî, cher à Raymond Lulle, la politique pratiquée dans la justice est le prolongement nécessaire de la morale et de la recherche religieuse. Ghazâlî écrit dans *Le Critère de l'action*, composé au début de sa retraite en 1095 : « Le mot justice veut dire équilibre satisfaisant soit dans les caractères, soit dans les rapports avec autrui, soit dans les éléments de l'administration d'un pays » ; il estime que, « dans la fréquentation des autres, l'homme acquiert ses premières connaissances et les parachève » et que « le but de toute politique est de se préparer et de préparer les autres au bonheur final qui est celui de la connaissance de Dieu » ; il faut donc lutter contre toute forme de fanatisme et d'intransigeance partisane, contre tout attachement aveugle à une école ou à une secte, afin de reconstituer l'unité de la communauté autour du Prophète[1]. Cela explique sans doute pourquoi le sage musulman du livre de Raymond insiste autant sur les récompenses éternelles de l'autre monde et stigmatise les différences sectaires au sein de l'islam.

1. *Le Critère de l'action* ou *Mîzân al-'amal* est cité par Henri Laoust dans *La politique de Ghazâlî*, Librairie orientaliste Paul Geuthner, 1970.

VI. *L'espace polémique du dialogue*

Les sages, présents l'un aux autres et tour à tour parlant, font échec à l'inhumanité de la vérité unique; étant trois, ils représentent l'infinité des opinions possibles des hommes; le dialogue est alors une tension entre les instances opposées et il transforme continuellement ceux qui se placent à l'intérieur de cette tension. Le rapport de leur parole enseignante où s'articule l'inconnu est un rapport d'infinité, puisqu'il inclut l'absence de commune mesure, l'absence de dénominateur commun et donc l'absence de rapport entre les termes. Les trois livres des trois sages ne sont pas destinés à aplanir le champ des relations, mais à le bouleverser; à rendre plus difficile encore la recherche de la vérité à laquelle s'efforce le gentil. Car l'inconnu qui est en jeu dans la parole des sages n'est ni sujet ni objet, mais infinité. D'où le souci de marquer soit l'interruption et la rupture, soit la densité et la plénitude du champ résultant de la différence et de la tension. Par exemple :

« De peur d'offenser mes compagnons par de nombreuses paroles superflues, je ne te parlerai pas de toutes les fleurs des arbres », dit le juif au gentil (troisième article, 6). Et le gentil le questionne encore : « Je m'estime suffisamment content de ce que tu m'as dit, mais je te prie de me dire en vérité si les chrétiens et les sarrasins croient en la Loi que tu me dis ». Et le juif répond alors :

> Il est certain que les chrétiens et les juifs croient que Dieu a donné la Loi à Moïse, et chacun croit que notre Loi est vraie. Mais ils croient aussi en d'autres choses qui sont contraires à notre Loi, de sorte qu'ils s'écartent de notre croyance, quand ils croient ce qui lui est opposé. Nous sommes en désaccord dans les commentaires et les gloses qui sont opposés et, parce que nous ne pouvons pas nous rejoindre sur des arguments d'autorité, nous cherchons des raisons nécessaires sur lesquelles établir notre accord. Les sarrasins ne sont que partiellement en accord avec notre texte et partiellement ils le contestent. Ils disent que c'est nous qui avons changé le texte de la Loi et nous leur disons que c'est leur texte qui s'oppose au nôtre.

Chaque sage qui enseigne ne donne en fin de compte rien à connaître qui ne reste déterminé par l'inconnu indéterminable qu'il représente ; aller à la familiarité des choses en en réservant l'étrangeté, l'altérité, c'est-à-dire « comprendre sans comprendre » dans le vocabulaire lullien, voilà ce qu'il signifie au gentil. Ainsi pour le gentil, avancer dans la recherche de la vérité n'est rien d'autre qu'entendre parler et apprendre à parler à son tour. Anselme écrit précisément dans le *Monologion* :

> Car, si quelqu'un dit qu'il croit en l'essence suréminente, il semble suffisamment montrer qu'il tend, par la foi qu'il proclame, vers l'essence suréminente[1].

Aussi la parole du sage ne peut-elle être ni d'affirmation ni de réponse, ni un langage linéaire à développement simple, mais plutôt une mise en jeu du langage, une tension vers la vérité. Par exemple :

> Avant de commencer à démontrer ses articles de foi, le chrétien dit ces paroles au gentil : – Sache, gentil, que les articles de notre foi sont si hauts et si difficiles à croire et à comprendre que tu ne pourras pas les comprendre, si tu ne mets pas toutes les forces de ton entendement et de ton âme à comprendre les raisons par lesquelles j'ai l'intention de démontrer les articles susdits. Il est souvent arrivé que l'on prouve suffisamment les choses mais que celui à qui on fait la démonstration ne puisse pas la comprendre, de sorte qu'il semble à ce dernier qu'on ne donne pas la preuve de ce qui est prouvable... Si les juifs et les sarrasins comprenaient la trinité que nous croyons être en Dieu, la force du raisonnement et la concordance des fleurs du premier arbre et les conditions de celui-ci les amèneraient à concevoir la vérité de la sainte trinité de notre seigneur Dieu.

Le discours du sage musulman est consacré plus particulièrement au problème du bonheur et des fins dernières de l'homme, marquant ainsi la dissymétrie et l'irréversibilité. Le mouvement global du récit de Lulle ne peut donc prétendre répondre à une continuité véritable.

1. *Monologion*, chap. 76. La traduction proposée ici est la mienne.

> Dans aucune autre loi ne sont promises à l'homme autant de félicités que dans le *Coran*... le pouvoir et la volonté de Dieu s'accordent dans le fait que le pouvoir peut et la volonté veut que le peuple des juifs et celui des chrétiens ne puissent détruire le *Coran*, bien qu'ils le veuillent.

Mais à l'intérieur du discours du musulman se marquent la rupture et la différence ; rupture, cassure, violence dans le même tendent à supprimer tout antagonisme ; l'adhésion à la « logique d'une seule idée » est si puissante qu'elle représente une sorte de subjectivisme radical qui fait obstacle à l'expérience de l'altérité[1] ; au nom de la gloire du paradis, le discours du sage musulman prétend mettre arbitrairement de l'ordre dans les contingences du réel. N'est-ce pas là, subtilement perçue par Raymond, la logique du *Mektoub*, selon laquelle l'être est déjà inscrit avant même d'exister dans son individualité ?

> Il est vrai que nous sommes divisés en ce qui concerne la foi dans la gloire du paradis ; car certains croient qu'ils auront la gloire que je t'ai racontée, et ils la comprennent ainsi par l'interprétation littérale du *Coran* qui est notre loi et des *Proverbes* de Mahomet et des gloses des commentateurs du *Coran* et des *Proverbes*. Mais d'autres parmi nous (et ce sont là les penseurs chers à Raymond : Fârâbî, Avicenne, Ghazâlî) comprennent la gloire dans le sens moral et l'expliquent spirituellement : ils disent que Mahomet parlait par images aux gens ineptes et incapables de comprendre et qu'il leur racontait la gloire susdite, afin de pouvoir leur faire aimer Dieu. Ceux qui partagent cette foi disent qu'il n'y aura pas dans le paradis la gloire de manger et de boire, de coucher avec les femmes, ni celle des autres choses que je t'ai dites. Mais ce sont les philosophes naturels[2] et les grands clercs[3] qui disent cela ; et ces hommes n'observent pas à beaucoup d'égards les commandements de notre loi, de sorte que nous les considérons presque comme des hérétiques ; et ils sont tombés dans

1. Cf. Hannah Arendt, *Le système totalitaire*, Paris, Seuil, 1972, p. 216.

2. Raymond Lulle désigne par ce terme ceux qui se consacrent aux sciences de la nature dans l'islam.

3. Il s'agit ici de ceux qui pratiquent la voie mystique des soufis par exemple.

> étudié la logique et les sciences de la nature. C'est pourquoi il a été établi parmi nous que personne ne doit oser lire publiquement la logique et les sciences naturelles... Tu as entendu et compris, gentil, les paroles que j'ai dites et les preuves que j'ai données des articles de notre loi; et tu as entendu quelles sont les félicités du paradis, que tu auras perdurablement sans fin, si tu crois en notre loi qui est donnée par Dieu.

Si le discours du sage musulman est là pour souligner la dimension idéologique de toute religion, il est bien évident, – et Raymond, dans la Catalogne soumise àl'Inquisition des dominicains, est bien placé pour le savoir –, que la religion musulmane n'est pas seule dans ce cas. La cohérence et la nécessité implacables de l'idéologique apparaissent comme la seule possibilité de se maintenir en vie institutionnelle et sociale non seulement aux musulmans qui refusent en majorité le sens spirituel du *Coran* et les spéculations philosophiques et mystiques, mais également aux juifs qui refusent de s'adonner à l'étude de la philosophie et des sciences naturelles, sous le même prétexte du relâchement de la pratique religieuse et du refus de la lecture littérale des textes bibliques et talmudiques. Par exemple, en 922, Hallâj, prédicateur écouté sur des thèmes d'une grande portée spirituelle et métaphysique, accusé de semer le trouble dans les esprits, est mis à mort; en 1191, Sohravardî, qui met au sommet de la hiérarchie des Sages celui qui excelle également en philosophie et en expérience spirituelle, est tué à Alep et considéré comme un martyr[1]. Dans les années 1230-1233 et 1303-1306, les philosophes juifs, dans la ligne de l'œuvre de Maïmonide, sont persécutés par les rabbins les plus influents des régions de Montpellier et de Barcelone[2].

1. Voir pour plus de détails l'ouvrage de Henry Corbin, *Histoire de la philosophie islamique*, déjà cité.

2. En 1233, les rabbins adversaires de Maïmonide obtiennent que ses deux livres le *Guide des Egarés* et son *Introduction à la Mishna* soient brûlés publiquement par les dominicains, selon certains à Montpellier, selon d'autres à Paris ; ce recours à des chrétiens dans une affaire juive et cette action contre un maître prestigieux soulèvent une grande réprobation ; quelques adversaires de Maïmonide se rétractent. Le 31 juillet 1305, une excommunication prononcée dans la synagogue de Barcelone frappe tous ceux qui étudieraient, avant l'âge de vingt-cinq ans, les livres grecs traitant de sciences naturelles et de métaphysique, ainsi que ceux qui enseigneraient ces disciplines à des

Dans la bouche du sage juif, Raymond place le discours suivant à propos de la croyance en la vie après la mort :

> Nous désirons tant que le Messie vienne nous délivrer de notre captivité que nous ne pouvons pas tourner trop nos regards vers l'autre siècle... Nous avons un autre obstacle, à savoir que notre langue est l'hébreu, à présent beaucoup moins usité qu'avant ; de sorte que nous n'avons pas autant de livres de science philosophique et d'autres sciences que nous en aurions besoin. Mais il y a parmi nous une science appelée *Talmud* ; elle est grande, et ce qu'elle dit est immense et très subtil. Son immensité et sa subtilité sont telles qu'elle constitue pour nous un obstacle à la connaissance de l'autre siècle, surtout parce que, par elle, nous nous inclinons à l'étude du droit pour participer à la possession des biens de ce monde.

Ainsi, selon Raymond qui ne fait ici absolument pas allusion aux querelles internes du judaïsme, le manque de livres philosophiques et scientifiques en hébreu, joint àl'« immensité » et à la « subtilité » du *Talmud*, aurait pour conséquence l'incertitude de la croyance juive en la vie après la mort. Or, le gentil répond au juif : « Je m'émerveille beaucoup que vous autres, les juifs, vous puissiez être partagés en diverses opinions sur cette question, qu'il est si nécessaire de savoir ». L'emploi du verbe *meravellar-se* est tout à fait intéressant, dans la mesure où il implique que, par cette question demeurée sans réponse et sans dogmatisme, l'âme du gentil s'ouvre à la connaissance divine ; à son tour de questionner et de chercher dans la douleur du non-savoir.

jeunes gens de moins de vingt-cinq ans. Or, à l'âge de vingt-cinq ans, on est déjà marié et ne peut plus entreprendre des études de ce genre. Un deuxième texte voue au feu les livres qui renferment toutes les hérésies dénoncées pendant la campagne anti-philosophie : allégories, négation des miracles, etc. Enfin un troisième texte condamne aussi bien les auteurs de tels livres que ceux qui les possèdent. Dans l'ensemble, le judaïsme méridional est extrêmement divisé. En juin 1306, Philippe IV le Bel promulgue un édit d'expulsion de tous les juifs de France ; ces derniers, qui sont dépouillés de leurs biens et d'abord jetés en prison, se réfugient ensuite dans le Roussillon et dans la partie de la Provence qui échappe à l'autorité du roi de France. Mais malgré ces graves problèmes, les passions ne sont pas éteintes ; ainsi le clan des philosophes tente d'empêcher ses adversaires de s'établir à Perpignan. (D'après Charles Touati, *Prophètes, talmudistes, philosophes*, chap. 13, Paris, Cerf, 1990).

Raymond souligne la faiblesse et la force du juif, car, fait-il dire au sage juif : « Malgré les hontes et les tourments et les captivités qu'ils imposent au peuple des juifs, les chrétiens et les sarrasins n'ont pas le pouvoir de leur faire abandonner et rejeter la sainte Loi que Dieu donna à Moïse... » Et le juif ajoute :

> Il convient de penser que Dieu enverra un Messie qui détruira totalement l'orgueil des peuples chrétien et sarrasin, et par qui nous serons leurs seigneurs et, eux, nos serfs et nos captifs.
>
> — Comment cela ? dit le gentil au juif. Si moi qui suis libre, je me faisais juif, je serais en la servitude en laquelle tu es ? Et pour sortir de mon erreur, j'entrerais dans l'état de serf à cause du péché en lequel tu dis que tu es, puisque tu es en captivité à cause de ce péché ?... Il s'accorderait mieux avec les conditions des arbres que l'homme, libre physiquement et captif spirituellement, garde en quittant son erreur sa liberté corporelle, où il pourra mieux observer sa Loi, et qu'il ne passe pas d'une erreur à une autre ni d'une faute et d'un péché à un autre et qu'il ne soit pas, sans avoir commis de faute, dans le péché à cause duquel il se trouvera en captivité.

Ainsi le sage juif exprime qu'il attend une restitution politique et idéologique des repères de la certitude et qu'il n'accepte l'altérité que comme serve et captive. Libéré, il se ferait volontiers à son tour l'oppresseur de ceux qui l'ont oppressé ; il n'est pas lucide quant à l'impossibilité de fonder en raison sa position, et son choix politique et éthique est fondé sur la violence. Or l'avènement du Messie ne saurait être la seule ouverture du sujet juif à lui-même, un pur retour égologique. C'est pourquoi le gentil ne veut pas accepter une telle argumentation qui consiste à fermer définitivement la totalité du monde et à inclure l'asservissement. Les hommes font leur histoire ensemble. La reconnaissance de l'altérité, absente de l'attente du sage juif, est garante pour le gentil de la liberté physique et spirituelle : ne constitue-t-elle pas en effet la limite du politique et le risque de toute histoire ?

Comme l'islam et le judaïsme, le christianisme est le lieu d'affirmations dogmatiques, d'exclusions, de persécutions, de condamnations à mort, d'excommunications. Il ne faut pas oublier que, lorsque Raymond écrit son livre, le bûcher de

Montségur n'est éteint que depuis quelque vingt-cinq années et d'autres lui ont succédé. Par ailleurs, l'examen de la *Vie de Raymond* a montré comment Raymond, tout au long de sa vie, avait pris soin de se garder de l'accusation d'hérésie. Mais il est bien évident que Raymond, écrivant pour des chrétiens dans une société chrétienne, ne saurait faire allusion à ces conflits et aux thèses théologiques des hérésies. S'il peut dénoncer clairement l'acceptation irréfléchie d'une seule logique explicative du monde assurant l'identité de l'homme qui adhère à cette logique, c'est parce qu'il la place dans le discours de cet autre, puissant et fort, particulièrement redouté et combattu, du chrétien qu'est le musulman. De la même façon, sa dénonciation d'un choix éthique et politique fondé sur la violence et l'intolérance s'exerce à l'encontre d'un peuple qui, selon l'opinion générale des chrétiens, a mis à mort le Christ et s'est ainsi rendu coupable du crime éthique et politique le plus grave. C'est pourquoi cette double et ferme dénonciation est ici admissible, recevable, pertinente et seulement subrepticement questionnante pour les lecteurs chrétiens.

Ainsi chaque discours des sages se nourrit plus ou moins explicitement des désordres que constituent les conflits de toutes sortes ; il n'est pas transcendantal, mais il est le lieu même de la transcendance et de la possibilité de reconnaître la distinction entre l'un et l'autre. A chacun qui écoute est donnée la faculté de juger par soi-même, de prendre subjectivement le risque d'une perception du monde. C'est bien ce que signifie le sage chrétien au gentil à la fin de son discours, ce qui ne l'empêche pas de faire valoir sa position propre quant à ce qu'il doit en être du rapport de l'individu à l'ensemble des hommes et du sens qu'il met dans le monde :

> Sache, gentil, que le Dieu de gloire, béni soit-il !, a donné à l'homme la mémoire pour mémorer et l'entendement pour comprendre et la volonté pour aimer Dieu et ses œuvres. Or, plus l'âme a grande souvenance et grande intelligence et grand amour de Dieu, plus elle est noble et plus elle s'accorde mieux avec la raison finale pour laquelle elle a été faite et créée. Comme il en est ainsi, si tu as souvenance, entendement et amour de Dieu, plus fortement par les paroles que je t'ai dites

> pour prouver mes articles que par les paroles que t'a dites le juif ou que te dira le sarrasin, car par leurs paroles on ne peut pas si hautement mémorer, entendre et aimer Dieu que par les paroles que je t'ai dites, c'est ma loi qui est manifestée comme vraie. Car toute la noblesse que les juifs et les sarrasins peuvent, selon leur croyance, attribuer et reconnaître à Dieu, nous pouvons la lui reconnaître encore mieux qu'eux, puisque nous croyons en la trinité de Dieu et en l'incarnation du Fils de Dieu. Et parce que, selon mes paroles, peuvent mieux s'accorder ta mémoire, ton entendement et ta volonté avec les fleurs et les conditions des arbres, selon l'ordonnance et la nouvelle manière de discuter que nous a indiquées Dame Intelligence, pour cela il convient que tu croies à mes paroles et à mes raisons, si tu veux avoir le bonheur dans la gloire de Dieu.

Au gentil, personnalité unique et singulière, il appartient désormais de mémorer, entendre et aimer. Peut-il et veut-il alors, à son tour, devenir un sage et cesser de poser des questions ?

VII. *De l'illumination à la sollicitude*

Raymond poursuit :

> Lorsque le gentil eut entendu toutes les raisons des trois savants, il commença à raconter tout ce qu'avait dit le juif; il raconta ensuite tout ce qu'avait dit le chrétien et raconta de même tout ce qu'avait dit le sarrasin, de sorte que les trois sages se réjouirent beaucoup de ce que le gentil eût compris et retenu si bien leurs paroles. Et ils dirent ensemble au gentil qu'ils reconnaissaient bien qu'ils n'avaient pas parlé à un homme sans cœur ni sans oreilles. Quand le gentil eut raconté tout ce qui avait été dit, il se mit debout sur ses pieds et son entendement fut illuminé par la voie du salut. Son cœur commença d'aimer et de donner des larmes à ses yeux, et il adora Dieu en disant...

Ecoutant la parole du gentil, qui est une parole fragmentée, discontinue, éclatée, les trois sages se réjouissent ensemble comme ils s'étaient réjouis de s'accueillir au début de l'histoire, car ils comprennent que cette parole est ouverte au vrai accueil de la révélation et que son éclatement n'est peut-être rien d'autre que l'approbation ou la bénédiction divine. Cette parole, en effet, parce qu'elle est discontinue, brisée, non seulement rend compte d'une expérience de la compréhension sémantique mais incarne également une attitude fondamentalement existentielle, rendant possible la véritable invention de soi. Et c'est pourquoi, aussitôt après avoir parlé, le gentil se lève; alors « son entendement est illuminé par la voie du salut », et il peut aimer et verser des larmes. L'amour de Dieu est ici d'abord intelligence et ensuite affect ou passion. Lorsque Augustin se convertit à l'amour de Dieu et pleure et crie dans le jardin de Milan après avoir entendu une voix lui recommander la lecture du livre, il s'est déjà converti intellectuellement au Dieu des chrétiens. Rappelons également que dans la tradition juive le cœur est le lieu de l'intelligence avant d'être celui des passions. Maïmonide écrit avec force dans le *Livre de la connaissance* :

> On n'aime le Saint, béni soit-il !, que grâce à la connaissance que l'on en a, et l'amour est ici proportionné aux lumières. Peu de savoir signifie peu d'amour, mais à une connaissance étendue correspond une puissante dilection...[1].

Et plus loin Maïmonide ajoute que l'amour intellectuel n'est pas pure contemplation mais exige un choix, des actions.

Le gentil s'adresse alors en une longue prière à Dieu. Considérant les qualités et la perfection de Dieu, se sentant envahi d'un sentiment d'amour, il loue et il célèbre. Mais méditant ainsi sur la perfection divine, il se rend compte à nouveau qu'il est faible et misérable, limité, et il implore « pardon, don, conseil et aide » de Dieu « afin, dit-il à Dieu, que je puisse vous servir et que je récupère en vous les jours que j'ai perdus par l'ignorance et le péché ». Le service de Dieu est la condition même du sujet qui ne se dérobe pas à sa responsabilité, le degré suprême de la relation de l'homme à Dieu. Alors aucun jour ne peut plus être pour le gentil, désormais converti à Dieu, la fixe répétition du jour qui précède, mais création-production en Dieu de temps qui ajoute du nouveau à l'être; dès lors, ce n'est pas le changement qui est produit par le temps, mais le temps par le changement, et le

1. *Hilkhot Téchouva* 10, 6 ; trad. fr. de Nikiprometsky et Zaoui, le *Livre de la connaissance*, Paris, P.U.F., coll. « Sinaï », 1961, p. 423.

changement par la parole brisée, passage d'un sens à un autre sens, ouverture et sens toujours présent. Le gentil ne peut de ce fait être satisfait; il ne peut devenir un sage comme les autres sages, car l'état de sagesse arrêterait le dynamisme de signification. Les sages sont capables de répondre à toutes les questions en un discours cohérent, ils ne veulent rien changer ni en eux-mêmes ni en dehors d'eux-mêmes et se maintiennent dans l'identité avec eux-mêmes. Le changement est manifesté chez le gentil par sa conscience de la non-satisfaction.

Cette non-satisfaction apparaît dans la suite de sa prière à Dieu. Il invoque les différentes vertus chrétiennes, et d'abord la foi, l'espérance et la charité, auxquelles il ajoute la justice, la prudence et la force. Parce que désormais il connaît et aime Dieu, il lui revient de faire connaître et aimer Dieu par son comportement social. Cette exigence doit s'incarner dans des actes : parler et raconter, servir, revenir dans sa terre. Aimer Dieu pour le gentil, c'est donc savoir ce qu'il faut faire dans sa relation à l'autre. Le théologique se joue pour lui là où se noue la relation sociale : dans les rapports avec les hommes ignorants et dépourvus d'amour de Dieu. L'amour de Dieu se manifeste concrètement par l'amour pour l'autre homme. Ce sont les relations éthiques qui donnent aux concepts théologiques leur signification.

> Ah, foi, qui n'es pas connue dans la terre d'où je suis, ce qui fait que tant d'hommes vont au feu perpétuel à cause de cette ignorance !... De toi je remercie le Dieu de la gloire, et je te demande de demeurer en moi, par sa vertu, tant que je vivrai, et que je te serve en racontant et en multipliant ta vertu, ta renommée et tes honneurs...
>
> Espérance amie !... En toi, par toi, avec toi j'ai confiance et j'espère que le grand pouvoir de mon Seigneur satisfera mon désir, ce désir que j'ai d'honorer Dieu et le servir, et de le faire connaître à ceux qui ne l'aiment ni ne le connaissent. Je ne désespère pas de mon pauvre pouvoir, savoir et vouloir...
>
> Ah, charité !... Je ne suis qu'un pauvre pécheur et tu me fais tant aimer Dieu et mon prochain... Dans quelle pauvreté et dans quelle misère sont tous ceux qui n'aiment ni ne connaissent la charité !... Aimable Dieu, qui m'avez illuminé et réchauffé du feu de la charité, illuminez et réchauffez de

> charité la multitude des pauvres hommes, privés de charité, qui vivent dans la terre d'où je suis ; à cause de cette pauvreté ils avancent, par des voies ténébreuses, vers la servitude du feu infiniment durable...
>
> ...Que ma justice ait en moi un si grand pouvoir qu'elle me fasse vouloir tout ce que voudra faire de moi la justice de Dieu...
>
> Prudence, lumière du salut !... Qu'il plaise au Dieu Très Haut, excellent et souverain bien, qu'avec vous je puisse avoir connaissance et lumière de la sagesse souveraine qui est lumière de votre lumière et toute lumière ; et que par la grâce et l'illumination de la souveraine lumière vous m'aidiez à illuminer et à guider la multitude de ceux qui vivent et demeurent dans les ténèbres, ignorant la voie du salut.
>
> Force... voudriez-vous fortifier le si faible cœur d'un homme paresseux qui craint de supporter les souffrances, les périls et les morts qu'il faut endurer pour donner louange, gloire et bénédiction au nom de ce Seigneur qui est digne de tous les honneurs et qui veut qu'on l'honore tant que l'on ne craigne aucun tourment pour le servir ?
>
> Charité, justice, prudence, et espérance avec vous, pourriez-vous bien convenir ensemble d'aller à notre terre et d'y faire le bien qu'en vous j'ai reçu de Dieu ?...

Tout en disant ces paroles et beaucoup d'autres, le gentil s'agenouille fréquemment, baise la terre, lève au ciel ses mains et ses yeux, verse des larmes abondantes, tient son corps en mouvement d'élévation et d'abaissement incessant. Il s'affirme ainsi comme un être mouvementé, dynamique, prêt au départ, à la rupture, infiniment sollicité, débordé, insatisfait.

> La vertu divine donna au gentil le pouvoir d'élever l'eau de son cœur jusqu'à ses yeux. Avec douceur et dévotion, le gentil pleura abondamment et longuement...

Ainsi la révélation divine est simultanée àl'arrachement de soi, à la prise en charge des épreuves d'autrui. N'est-ce pas dans le souffrir pour cet autre, « la multitude des hommes » et ceux de sa propre terre, que se trace l'infiniment autre ? Le gentil est désormais investi par l'autre. Et que dit-il ?

> Je voudrais qu'en ce lieu inhabitable mon âme fût toute ma vie en amour et mes yeux en larmes. Mais il me faut aller de pays en pays, il me faut revenir à ma terre ; il faut que j'aille dire l'honneur de Dieu, de ce Dieu dont j'ai reçu tant de biens, à ceux qui ne le connaissent pas. Et il me faut consacrer à cela tous les jours de ma vie. Qu'il vous plaise, Seigneur Dieu, que ni la faim, ni la soif, ni la chaleur, ni le froid, ni la pauvreté, ni la lassitude, ni le mépris des gens, ni la maladie, ni les tourments, ni l'abandon du propre seigneur, ni celui de l'épouse, des fils, des filles, des amis, des biens temporels, ni le fait d'être étranger, ni celui de souffrir une mort violente, ni aucune autre chose puissent chasser de mon cœur le souvenir de votre honneur et l'exaltation de votre nom glorieux !

Est-ce que le monde imaginal n'est pas par excellence ce monde inhabitable, voué à être seulement traversé, à susciter le mouvement de la connaissance et de l'amour, à être le lieu de la sollicitation par l'Autre et de l'éveil à la sollicitude pour l'autre ?

Telle a été par exemple la « haute montagne », lieu de la « transfiguration » de Jésus entouré des prophètes Moïse et Elie, qui, tous deux comme le Christ, ont connu l'assomption de leur corps après la mort. Les évangiles synoptiques rapportent que les disciples auraient bien désiré rester sur la montagne : « Intervenant, Pierre dit à Jésus : Seigneur, il est bon que nous soyons ici ; si tu le veux, je vais dresser ici trois tentes, une pour toi, une pour Moïse, une pour Elie » (Mat. 17, 4). Mais « dans la nuée, une voix » parle, la vision s'efface, Jésus touche les disciples et leur dit de se relever, et ils redescendent ensemble la montagne vers ceux qui les persécuteront jusqu'à la mort. Parmi les Récits symboliques d'initiation spirituelle avicenniens ou sohravardiens, le *Récit de l'Oiseau* d'Avicenne montre que l'âme, semblable à un oiseau, franchit les vallées et les chaînes de la montagne du monde imaginal ; alors qu'elle touche au terme de l'itinéraire vers l'Orient des Lumières, elle doit tragiquement revenir et redescendre de cette « extase orientale », mais désormais elle marche « en compagnie du Messager du Roi », c'est-à-dire en compagnie de l'Ange. Par le monde imaginal intermédiaire, l'âme s'est donc éveillée à la conscience d'elle-même et a pu connaître l'Ange et affirmer sa transcendance à l'égard du monde sensible. Mais l'âme, oiseau aux ailes brisées, privée d'envol, est désormais toujours en mouvement de quête amoureuse, toujours inquiète. A chacun donc de répondre à l'invite de son propre Hayy ibn Yaqzân et de témoigner : « Voici nous sommes en route, nous marchons en compagnie du Messager du Roi ». Mais le retour dans le monde sensible est douloureux : « Tu as tes demeures dans les hauteurs, tes tabernacles de joie... ô âme, ne sois pas oublieuse de toi-même, car ils te donnent tous la chasse, les chasseurs de mort. Ils capturent les oiseaux, ils brisent leurs ailes, afin qu'ils ne puissent plus voler vers leurs colombiers... O âme, relève la tête, retourne en ta patrie... »[1].

Ayant rompu en 1095 toutes ses attaches avec le monde et ayant concentré sa pensée sur Dieu dans l'attente de l'illumination intérieure, Ghazâlî reprend en 1106 sa vie officielle à Bagdad et sa charge d'enseignement du droit qu'il prolonge par un enseignement religieux et politique; dans deux livres, le *Kitâb Ihyâ'' ulûm al-dîn* ou *Livre de la revivification des sciences religieuses*, sans doute composé entre 1096 et 1103, et le *Mustasfâ*, écrit peu avant sa mort en 1111, il expose que la politique est le prolongement nécessaire de la religion et de la morale, dans la mesure où elle a pour fonction principale d'établir la justice, c'es-à-dire l'équilibre satisfaisant entre les hommes. Chaque grand prophète, Moïse, Jésus ou Mahomet, a fondé une communauté organisée. L'élu qui a accédé à l'illumination intérieure doit en effet apporter son aide aux autres croyants par un double enseignement religieux et politique, afin de déclencher dans leurs cœurs le mouvement qui, partant d'un « élément de connaissance », engendre dans l'âme une « disposition affective » qui aboutit à l'« action ». Le terme du voyage à travers ce monde, c'est l'autre monde où l'homme connaîtra les récompenses éternelles; pour son voyage, l'homme a besoin de la piété qui est la crainte révérentielle de Dieu et de la « compassion pour ses

1. *A Manichaean Psalm-Book*, Part II, ed. by C.R.C. Allberry, Stuttgart, 1938, p. 181-182. Cité par Henry Corbin dans *Avicenne et le récit visionnaire*, *op. cit.*

serviteurs» qui est la tolérance et l'ouverture aux autres dans l'acceptation des différences[1].

Pour Maïmonide, la révélation de la Torah accordée àMoïse sur la montagne du Sinaï a pour finalité la constitution d'une nation parfaite. Eblouissant de lumière divine, Moïse doit quitter le lieu de la révélation pour instruire le peuple. Maïmonide écrit : «La prophétie de Moïse notre maître se distingue de la prophétie des autres prophètes... c'est cette perception (prophétique de Moïse) seule qui a eu pour conséquence nécessaire de nous appeler à la loi» (*Guide des Egarés*, II, 39). La loi est nécessaire, car l'homme est un être politique et ne peut vivre qu'en se réunissant avec d'autres hommes. Les hommes sont tellement différents qu'ils ne peuvent vivre ensemble que s'ils ont un guide qui établit l'harmonie en prescrivant les actions et les coutumes que tous doivent pratiquer. La loi parfaite ne vise pas seulement aux biens des corps : «mettre en bon ordre la cité et ses affaires et en écarter l'injustice et la rivalité», mais aussi et surtout aux biens des âmes, c'est-à-dire à la connaissance de tout ce qui existe et surtout de Dieu et des anges qui sont les êtres les plus parfaits. L'homme «accompli quant aux gouvernements politiques et quant aux sciences spéculatives et qui possède avec cela de la pénétration naturelle, de l'intelligence et une bonne élocution pour présenter les sujets de manière à les faire entrevoir», tel doit être le guide, le rabbin-philosophe, à la suite de Moïse redescendu de la montagne sainte vers le peuple. Etre élu signifie avoir encore plus de responsabilités à l'égard des autres.

Telle est aussi fondamentalement l'expérience de Raymond Lulle qui, en 1274, connaît l'illumination sur la montagne de Randa et redescend vers les hommes, oiseau aux ailes brisées qui aspirerait à demeurer avec amour et larmes dans le lieu inhabitable et délicieux.

> Demanda l'aimé à l'ami : – Qu'est-ce que l'amour ? – Il répondit : La présence de l'image et des paroles de l'aimé dans le cœur soupirant de l'amant et le languissement par plaisir et par pleurs dans le cœur de l'ami (*Livre de l'Ami et de l'Aimé*, 169).

1. Pour plus de détails, voir l'ouvrage déjà cité d'Henri Laoust, *La politique de Ghazâlî*.

Mais la prière du gentil a été exaucée pour Raymond. Raymond ne fait-il pas dire en effet à Raymond le fou, l'homme de l'imagination et du voyage, dans la *Disputatio Petri Clerici et Raymundi Phantastici* en 1311, peu d'années avant sa mort :

> Je fus un homme marié, père de famille, dans une bonne situation de fortune, vain et mondain. Tout cela, j'y ai renoncé de plein gré, afin de pouvoir honorer Dieu, servir le bien public et exalter notre sainte foi. J'ai appris l'arabe; je suis parti plusieurs fois prêcher les sarrasins. Arrêté, incarcéré et flagellé pour la foi, quarante-cinq ans durant, j'ai travaillé à mouvoir les prélats de l'Eglise et les princes chrétiens pour qu'ils cherchent le bien public. Maintenant je suis vieux et pauvre, mais je garde le même dessein et, avec la grâce de Dieu, j'y persévérerai jusqu'à la mort...[1].

Ainsi Raymond n'a pas chassé de son cœur, avec la grâce de Dieu, « le souvenir de l'honneur de Dieu » ni « l'exaltation de son nom glorieux », semblable en cela à un autre converti, le converti par excellence qui est l'homme de l'illumination sur le chemin et du ravissement « au troisième ciel », l'apôtre Paul, qui déclare :

> Trois fois, j'ai été flagellé, une fois lapidé, trois fois j'ai fait naufrage, j'ai passé un jour et une nuit sur l'abîme. Voyages à pied souvent, dangers des fleuves, dangers des brigands, dangers de mes frères, dangers des païens, dangers dans la ville, dangers dans le désert, dangers sur mer, dangers des faux frères ! Fatigues et peines, veilles souvent; faim et soif, jeûne souvent; froid et dénuement... S'il faut s'enorgueillir, je mettrai mon orgueil dans ma faiblesse...[2].

Et la mission de Paul, comme celle du gentil illuminé par Dieu, consiste en une infinie sollicitude à l'égard des païens :

> Dieu m'a donné la grâce d'être un officiant de Jésus Christ auprès des païens, afin que les païens deviennent une offrande qui, sanctifiée par l'Esprit Saint, soit agréable à Dieu... Je me suis fait un point d'honneur de n'annoncer l'évangile que là

1. *Disputatio Petri Clerici et Raymundi Phantastici*, éd. par Marianus Mueller, dans *Wissenschaft und Weisheit*, München-Gladbach, 2 (1935), p.312.

2. IIe Epître aux Corinthiens 11, 25-30.

> où le nom de Christ n'avait pas encore été prononcé... Je me conforme à ce qui est écrit : Ils verront, ceux à qui on ne l'avait pas annoncé, et ceux qui n'en avaient pas entendu parler comprendront[1].

Ainsi la prière du gentil, à la fin du *Livre du Gentil et des trois Sages*, apparaît comme une double citation de Paul, apôtre des païens, et de Raymond. Et les mots « voir » et « comprendre » employés par l'apôtre ne sont pas sans évoquer très précisément les deux attitudes fondamentales, annonciatrices de connaissance et de conversion, qui sont celles de l'homme qui a accédé au monde imaginal lullien. N'est-ce pas Paul, encore, qui dit aux Athéniens en s'inspirant du poète Epiménide du VIe siècle : « C'est en Dieu que nous avons la vie, le mouvement et l'être, comme l'ont affirmé certains de vos poètes »[2]; et également : « Il est écrit : je détruirai la sagesse des sages et j'anéantirai l'intelligence des intelligents. Où est le sage ? Où est le docteur de la loi ? Où est le raisonneur de ce siècle ? Dieu n'a t-il pas rendu folle la sagesse du monde ? »[3]. Paul dénonce ici la sagesse qui se veut suffisante et fixe, norme unique et ultime. A la vie, au mouvement et à l'être en Dieu, correspond bien une parole dont la modalité maintient l'exigence dynamique ; c'est la parole questionnante, cette question qui rend folle la sagesse du monde. En citant clairement mais implicitement l'apôtre par sa prière, le gentil fait signe ; sa présence est ainsi différée et dans ce retrait les sages peuvent advenir à eux-mêmes. Le retrait du gentil signifie en effet effacement de la maîtrise du sens et, corollairement, révélation d'Autrui ; sa prière, parce qu'elle contient l'absence, le retrait, donne aux sages la possibilité du commentaire ; l'enseignement ne porte pas sur un contenu mais sur une modalité : celle du questionnement.

> Les trois sages avaient très grande pitié de lui et s'émerveillaient très fort de la noblesse de sa prière. Et si grande était la dévotion qu'ils voyaient dans le gentil que, en leur âme, leur conscience leur donnait des remords et les accusait de leurs

1. Epître aux Romains 15, 16-21.
2. Actes 17, 28.
3. Ire Epître aux Corinthiens 1, 19-20.

péchés invétérés; ils se sentaient surtout coupables parce qu'ils reconnaissaient que le gentil avait conçu en si peu de temps une dévotion pour les louanges du nom de Dieu, plus grande que la leur, alors qu'ils avaient depuis longtemps la connaissance de Dieu.

A nouveau, le mot « s'émerveiller » indique que, pour les sages également, le moment de la mise en mouvement de la pensée, de l'éveil à la connaissance, du commentaire, – c'est-à-dire : « faire taire un sens déjà établi, un sens figé » (Edmond Jabès) –, est arrivé. Les sages, parce qu'ils sont émerveillés par la prière du gentil, éprouvent la nécessité d'une nouvelle explication d'eux-mêmes ; leur question ne vise pas l'Inconnu mais ce qui est habituel « en leur âme » ; ils accèdent ainsi à l'idée de la nouveauté possible de la perception dans la compréhension du monde, de l'innovation de sens qui aspire à aller au-delà du sens donné. Or c'est le gentil qui éprouve leur éveil en proposant le malheur de la question, c'est-à-dire la réponse, en se déclarant prêt à supprimer l'ouverture, la richesse de la possibilité. Raymond écrit :

> Quand le gentil eut terminé sa prière, il se lava les mains et le visage en raison des larmes qu'il avait versées, dans la belle fontaine, et il s'essuya avec le linge blanc qu'il portait et avec lequel il séchait habituellement ses yeux lorsque la tristesse lui faisait verser des larmes. Puis il s'assit à côté des trois sages et leur parla ainsi : – Par la grâce et la bénédiction de Dieu il est advenu que je vous ai rencontrés, seigneurs, en ce lieu, où Dieu a voulu se souvenir de moi et me prendre à son service. Béni soit le Seigneur et béni soit le lieu et bénis soyez-vous ! Béni soit Dieu qui vous inspira la volonté de venir en ce lieu ! Ici même, en ce lieu où j'ai reçu tant de bonheur, je veux en votre présence, seigneurs, choisir la loi qui, par la grâce de Dieu et selon vos paroles, me semble être la vraie. Dans cette loi je veux être et je veux travailler tous les jours de ma vie à l'honorer et à la manifester.

A l'instant même où le gentil s'apprête à donner la réponse, alors se produit dans ce « lieu béni », dans ce monde imaginal, un décisif événement : « deux gentils de son pays qui étaient dans l'erreur qui avait été la sienne » rejoignent le premier gentil. Mais ces deux gentils qui approchent, ne sont-ils pas le cheminement lui-même ? Ils expriment que le dire du voyage dans le monde imaginal ne doit pas s'arrêter, s'échouer dans un dit. Le dynamisme de la parole ne peut être enfermé dans la synchronie de l'écrit. C'est le voyage qui signifie un rapport nouveau avec le vrai.

> Le gentil dit alors aux trois sages qu'il voulait attendre ces deux gentils qui approchaient et voulait, en leur présence, choisir et manifester la loi qui est la voie de la vérité. Et les trois sages se levèrent et, très agréablement et dévotement, prirent congé du gentil. Nombreuses furent les bénédictions que les trois sages dirent au gentil et le gentil aux trois sages; et à l'heure du congé et de la fin des conversations, il y eut de nombreuses étreintes et des baisers, des larmes et des pleurs. Mais avant que les trois sages ne fussent partis de ce lieu, le gentil les questionna en leur disant qu'il s'émerveillait très profondément d'eux, qui n'attendaient pas pour entendre laquelle des trois lois il choisirait. Les trois sages lui répondirent qu'ils ne voulaient pas le savoir, pour que chacun d'eux pût croire qu'il avait choisi la sienne. – Et surtout, parce qu'il sera pour nous matière de discussion de savoir quelle loi tu auras choisie, conformément au pouvoir de la raison et à la nature de l'entendement. Et si devant nous tu manifestais quelle est la loi que tu préfères, nous n'aurions pas un si bon sujet de discussion et un si bon moyen de rechercher la vérité.

Les sages ont désormais compris que le monde imaginal ne saurait être celui d'un sens fixé une fois pour toutes et seulement réactivé, mais celui du pouvoir des mots, des événements et des choses de signifier encore et au-delà. La vérité n'est pas le critère sur lequel se fonde une société d'hommes; il y a d'autres critères que ceux de la vérité, d'autres enjeux, et l'altérité créatrice et questionnante, même dans la violence, est nécessaire. Les sages se lèvent et, dans la séparation même, s'affirme non la privation du monde imaginal mais une authentique manière de résider, d'une résidence qui ne lie pas à la détermination d'un lieu ni à la fixation auprès d'une réalité désormais fondée, certaine et permanente. En se mettant en chemin, c'est-à-dire en refusant d'entendre le choix du gentil, ils font l'expérience d'« un sens autre qui perce sous le sens immédiat du vouloir-dire, faisant signe à un entendement qui écoute au-delà de ce qui est entendu »[1]. Cette expérience d'un débordement, d'un excès n'est rien d'autre que la bénédiction – le lieu imaginal n'est-il pas un lieu béni ? ; mais c'est aussi la définition que les commentaires talmudiques donnent au Livre « en tant qu'admettant l'exégèse, ayant le privilège de contenir plus qu'il ne contient... »[2], « le moins qui contient le plus » (*Midrach Rabba Béréchit*, 5, 6), mettant sur le chemin, ouvrant à l'expérience de la pensée de l'Infini. Les sages, en leur attitude même, se font Livre pour le gentil qu'ils quittent.

> Après ces paroles, les trois sages reprirent le chemin de la ville d'où ils étaient sortis. Et le gentil, tout en regardant les fleurs des cinq arbres et en se souvenant de ce qu'il avait conçu, attendait les deux gentils qui arrivaient.

La suspension du jugement du gentil a la structure d'une question. Pour maintenir la relation paradoxale en jeu dans le dialogue entre les sages, il faut en effet que la question n'attende pas de réponse. Le gentil doit donc rester « entre » les sages : « Toute ma vie j'ai grandi entre les maîtres », dit le livre du *Pirqé Avot* ; et, selon l'interprétation rabbinique, cette maxime signifie : J'ai grandi « entre », c'est-à-dire dans l'espace de néant, dans le vide qui sépare et unit les maîtres en situation de dialogue polémique, la *mahloquèt*. Une question n'achève son sens qu'en passant par ce suspens qui fait d'elle une question ouverte. C'est pourquoi le gentil se déclare « émerveillé » par les sages et, ayant choisi sa loi, il éprouve à son tour la nécessité d'une nouvelle explication avec le monde et d'une libération de ses convictions : il tourne alors son regard vers les fleurs des cinq arbres et il fait mémoire de ce qu'il a conçu ; il a compris qu'il n'y a pas de synthèse ni de synchronie et qu'il faut combattre contre la mort de la pensée, expérimenter le débordement, laisser le Livre se dérober, attendre les autres, ses proches, qui arrivent. Raymond laisse donc le gentil à sa mémoire et à sa sollicitude, en suspens, en intervalle, en instance de commencement. Faut-il ajouter que c'est

1. Emmanuel Lévinas, *L'Au-delà du verset*, Paris, Minuit, 1982, p.137.
2. *Ibid.*

précisément dans cette suspension, dans cet intervalle, où le gentil est à la fois dessaisi de lui-même et voué à l'autre, sollicité et en exigence de sollicitude, face-à-face avec l'autre, que Dieu manifeste sa présence ? Les commentaires midrachiques d'Exode 25, 22 soulignent que la parole de Dieu ne sort, c'est-à-dire ne s'entend, qu'en passant *entre* les deux chérubins. Inversement, Dieu se voile le visage lorsque le face-à-face comme relation de fidélité et de bonté disparaît d'entre les humains[1].

VIII. *La fin d'un livre de Raymond Lulle ?*

Quittant le monde imaginal, les trois sages, que Raymond ne définit plus par leur appartenance religieuse, prennent tour à tour la parole. Leur dialogue montre bien qu'il n'y a pas pour eux non plus de synthèse ni de synchronie possibles. Le premier sage évoque, en des termes déjà utilisés après la rencontre et le départ de Dame Intelligence, la recherche de l'unité de foi, de loi et d'amour de Dieu, afin d'éviter les haines et les guerres : « Nous devrions discuter ensemble et voir lequel de nous est dans la vérité et lequel est dans l'erreur ». Le deuxième sage constate qu'il est impossible de convertir les hommes « tellement enracinés dans la foi en laquelle ils se trouvaient et en laquelle les avaient mis leurs parents ». Le troisième sage, pour sa part, observe que « la vérité est toujours aidée par la vertu divine », mais que « les hommes aiment les biens temporels et n'aiment Dieu et leur prochain que tièdement et avec peu de dévotion » : « Ils n'ont aucun souci de détruire l'erreur et la fausseté ; ils craignent de mourir et d'endurer les maladies, les souffrances et la pauvreté ; ils ne veulent pas abandonner leurs richesses, ni leurs biens, ni leurs terres, ni leurs familles, pour délivrer ceux qui sont dans l'erreur afin qu'ils aillent à la gloire infinie et échappent aux tourments infinis. Nous devrions faire cela principalement... » Ce conditionnel est aussi un irréel selon le sage qui reconnaît que lui et ses compagnons, – car il s'exprime à la première personne du pluriel –, ne sont « pas prêts à recevoir la vertu et la bénédiction

1. David Banon, *La lecture infinie : Les voies de l'interprétation midrachique*, Paris, Seuil, 1987, p. 234.

de Dieu », c'est-à-dire l'excès, le débordement, le mouvement, la responsabilité. Mais cette prise de parole dialogale, cette reconnaissance de faiblesse et de péché, cette sortie de l'identité croyante par l'usage d'un « nous » sans commune mesure, constituent autant de marques, en fin de compte, de la fécondité du monde imaginal dans lequel ils ont été initiés à la méthode des cinq arbres et des conditions des fleurs par Dame Intelligence.

> Cependant que le sage disait ces paroles et beaucoup d'autres, les trois sages parvinrent au lieu de leur première rencontre, à la sortie de la ville ; et ici les trois sages prirent congé les uns des autres, très aimablement et très agréablement ; et chacun demanda aux autres de lui pardonner ce qu'il aurait pu dire d'injurieux pour sa loi ; et chacun pardonna. Et lorsqu'ils furent sur le point de se séparer, l'un des sages dit : – Nous devons tirer quelque profit de l'aventure qui nous est arrivée dans la forêt. Vous semblerait-il bon, par la méthode des cinq arbres et par les dix conditions signifiées par leurs fleurs, de discuter une fois par jour en suivant les normes que nous a données Dame Intelligence ? Nous discuterions ainsi jusqu'à ce que nous eussions, tous les trois, une seule foi et une seule loi ; et nous nous engagerions à nous rendre mutuellement honneur et service, afin de parvenir plus tôt à un accord...

Ici se produit un dernier événement qui constitue une rupture, une suspension, dans le retour des sages vers leurs communautés respectives, de la même façon que le jugement du gentil était resté en suspens. Un sage propose en effet la mise en pratique d'une discussion incessante, selon les normes données par Dame Intelligence. Chacun, parce qu'il est sage, sait qu'il sait. Mais le dialogue ici n'est plus destiné à conforter un savoir préalable en posant des questions « contre l'autre », mais à accepter et à chercher l'ébranlement, l'inquiétude, la mise en échec, le débordement. En effet le sage n'annonce pas une intention de convertir les deux autres sages à sa propre foi et à sa propre loi ; le sens n'est pas donné, il est à construire dans l'honneur et le service mutuel. Parler établit la relation avec « l'aventure vécue dans la forêt », c'est-à-dire avec les cinq arbres et les conditions des fleurs qui dérangent de façon irréparable l'ordre du monde sensible, avec ce qui n'a jamais été sensiblement présent, avec ce qui précisément laisse une trace, avec ce qui déborde toute représentation et toute appropriation. Mais parler maintient aussi la distance entre les interlocuteurs et établit un lien entre eux, appelle chaque sage à ne pas se soustraire à sa responsabilité envers l'autre, envers tous les autres, envers le monde. Le dialogue proposé n'ouvre donc pas à un savoir mais à des décisions éthiques. L'ordre éthique du dialogue reconduit alors les sages vers Dieu, mais Dieu ne se montre pas ou, plutôt, il entre-tient un rapport avec les sages à travers la trace de l'aventure dans la forêt. « Un Dieu auquel on voudrait accéder tout en sachant qu'aller vers lui, ce n'est pas suivre cette trace qui n'est pas un signe, c'est aller vers les autres qui se tiennent dans la trace »[1].

> Chacun des deux sages tint pour bon ce que l'autre avait dit et ils se réjouirent de cette proposition; ils établirent le lieu et l'heure de leurs discussions et la méthode par laquelle ils s'honoreraient, se serviraient et discuteraient; ils décidèrent encore que, dès qu'ils seraient accordés et unis en une même foi, ils iraient ensemble de par le monde glorifier et louer le nom de notre seigneur Dieu. Chacun des trois sages se retira dans sa maison et fut fidèle à ce qu'il avait promis.

Comme ils s'étaient réjouis en se rencontrant à la sortie de la ville, comme ils s'étaient réjouis en écoutant le gentil, les sages se réjouissent une troisième fois. Cette joie de l'acceptation est la garantie d'une pensée qui ne se pétrifie pas dans le sérieux de l'absolu, qui reste en mouvement. La sagesse des trois sages est désormais ce perpétuel questionnement. « Une fois par jour » est l'expression du temps entre les temps, du passage, ou plus encore du temps lui-même comme passage de la pensée, et aussi la garantie du face-à-face comme relation de fidélité et de bonté entre les sages. Le chemin peut se poursuivre. Cette troisième joie des sages n'est-elle pas encore une figure de la joie, « pleine et plus que pleine, qu'a promise le Seigneur », évoquée par Anselme au dernier chapitre du *Proslogion*? Anselme écrit : « Je t'en prie, Dieu, que je te connaisse et t'aime pour me réjouir de toi. Si je ne le puis pleinement en cette vie, qu'au moins je progresse de

1. Emmanuel Lévinas, *En découvrant l'existence avec Husserl et Heidegger*, Paris, Vrin, 2e éd., 1967, p. 202.

jour en jour jusqu'à ce que tout vienne en plénitude». Et il conclut ainsi : «Que dès lors mon esprit médite, en attendant, que dès lors parle ma langue ! Que mon cœur l'aime, que ma bouche s'en entretienne ! Qu'en ait faim mon âme et soif ma chair, que désire toute ma substance, jusqu'à ce que j'entre dans la joie de mon Seigneur qui est Dieu trine et un, béni dans les siècles. Amen»[1]. Le reconnaissance de la Surabondance divine, de l'excès divin, dont le nom est «joie», constitue bien l'ouverture du chemin qui va toujours plus avant vers Dieu, pour Anselme comme pour les sages du livre de Raymond.

Ainsi le *Livre du Gentil et des trois Sages*, par son impossibilité à s'installer dans le maintenant, ne peut être le rassemblement d'une totalité accomplie. Introduisant à de nouvelles histoires, celle du gentil et celle des sages, il prend fin dans l'ouverture, dans l'éclatement, dans le renouvellement de lui-même. Trace de l'infini, le livre, comme le chemin, comme le dialogue, comme la vie de Raymond le fou, n'est jamais épuisé. Lorsqu'il n'y a plus de *livre du Gentil et des trois Sages*, lorsqu'il n'y a plus de livre de la *Vie de Raymond*, lorsqu'il n'y a plus ni gentil ni sages ni Raymond, n'est-ce pas là qu'il y a le Livre, ouverture et chemin de et vers la transcendance, source de la connaissance, pur débordement ?

> Le *Livre du Gentil et des trois Sages* est terminé. Béni soit Dieu, avec l'aide de qui a été commencé et fini, sous la protection de qui est recommandé et mis, en l'honneur de qui a été nouvellement traduit ce livre qui est raison et méthode pour illuminer l'entendement troublé, pour réveiller les grands qui dorment, pour provoquer la familière connaissance des étrangers et des proches qui demandent quelle loi il faut croire qu'a choisie le gentil pour être agréable à Dieu. Que celui qui a dicté et écrit ce livre et celui qui le gardera et le lira soient agréables à la gloire de Dieu et qu'ils soient préservés, en ce monde, des voies qui mènent au feu de l'enfer tous ceux qui tombent sous la colère de Dieu.

1. *Proslogion*, chap. 26 intitulé «Est-ce la *joie pleine* qu'a promise le Seigneur ?», *op. cit.*, p. 285-286.

Ainsi, au terme, à l'instant de la rupture du mouvement de l'écriture, Raymond prend soin de se retirer, de s'effacer du livre, en indiquant qu'il n'a pas écrit le livre : il l'a commencé et fini, mais il l'a écrit sans l'écrire, puisqu'il l'a traduit « à nouveau ». Cette traduction par renouvellement est le lieu même où se nouent écriture et parole ; et c'est aussi le lieu où la seconde parole – celle de l'acte de compréhension qui est à la fois lecture et garde de l'écrit – dénoue la première parole que l'écrit imprime, dans le même mouvement d'un cheminement sur la voie du salut. C'est pourquoi on ne saurait concevoir une clôture de l'écrit ni un arrêt du questionnement. Raymond, ainsi situé entre « celui qui a dicté et écrit » et « celui qui gardera et lira » invite à toujours substituer à la parole une parole autre, seconde, qui se situe au-delà et qui est, par son altérité, parole de l'autre dans la parole ; l'un et l'autre, ensemble et distincts, peuvent alors être agréables à Dieu et préservés de la colère de Dieu et des voies de l'enfer. L'emploi du singulier marque clairement l'unité profonde de l'attestation du soi écrivant et dictant et de l'injonction venue de l'autre. Raymond dans l'intervalle ménage la possibilité de la présence agissante de Dieu.

Et en effet, au terme également, Dieu prend place : « Béni soit Dieu ! », et Raymond se retire définitivement pour laisser la parole à la Parole mais il n'y a plus que le silence. C'est l'œuvre du Livre en son pur débordement – illuminer l'entendement troublé, réveiller les grands qui dorment, provoquer la familière connaissance des étrangers et des proches-, qui désormais ne se distingue plus de la Parole divine, une Parole pleine de promesses et de points de suspens, dans l'impossibilité de dire le dernier mot, une Parole qui est elle-même une question et une injonction adressée à l'homme.

Philon d'Alexandrie, témoin de la culture hellénique et du judaïsme alexandrin, qui a exercé une grande influence sur les auteurs chrétiens du Moyen Age mais a été oublié des juifs, que peut-être Raymond connaissait, s'est exprimé sur cette indistinction dans le *De migratione Abrahami* :

> Abraham alla, selon la parole du Seigneur (Gen. XII, 4). Cette marche, c'est la perfection et la fin chantées par les meilleurs philosophes : vivre selon la nature. Elles sont atteintes une fois

que l'esprit s'est engagé sur le sentier de la vertu et qu'il marche sur les traces de la droite raison à la suite de Dieu, conservant le souvenir de ses commandements, les mettant tous en pratique partout et toujours dans ses gestes comme dans ses paroles. « Il alla, selon la parole du Seigneur » ; cela revient à dire : Dieu parle – et il parle très bien, admirablement ; l'homme de bien exécute tout point par point, conduisant sa marche tout droit et sans broncher sur le sentier de la vie, et finalement les œuvres du sage ne se distinguent plus des paroles divines [1].

1. Philon d'Alexandrie, *De migratione Abrahami*, 127-129, p. 175 (trad. J. Cazeaux).

CONCLUSION

Il n'est ni vieillesse ni mort pour Raymond Lulle, mais non plus pour Raymond le fou et Blanquerna, pour le gentil et les trois sages. Aucun jour n'est pour eux la répétition du jour qui précède. Raymond le fou, bouffon converti devenu fou de Dieu, est l'image de ce constant effort d'affranchissement et d'invention de soi, le double et le modèle de Raymond Lulle. Blanquerna, pape devenue ermite, s'abîme dans la forêt, se soustrayant au risque de toute définition mais définitivement ouvert à l'Autre. Le gentil et les trois sages, à la fin de leur livre, ne coïncident avec aucune identité, mais, par le mouvement de la question à l'autre et à eux-mêmes, par le cheminement sans cesse poursuivi, ils se placent en situation de rupture et d'inlassable commencement, d'inlassable naissance.

Raymond ne meurt pas, lorsque le livre de sa *Vie* s'achève. Se refusant à l'idéalité de l'Un qui donne à l'homme d'être le Même une fois pour toutes, il a choisi une vie qui est aventure, recherche incessante. Au terme du livre, il est devenu l'homme de Dieu, celui qui se retire en remettant sa propre existence à la Parole divine, silencieuse et puissante, de la même façon que le Christ, en qui il croit, vit et se meut, a remis son esprit entre les mains du Père à sa mort. Rupture, débordement, invention inlassable sont à reprendre sans fin pour que la parole ait sens pour Raymond qui la profère et la met en écriture. C'est pourquoi Raymond est essentiellement un homme révolté, en processus infini de désignation de sens – des sens multiples mais non arbitraires, bourdonnant dans son propre dire. Ce qu'il veut, c'est soustraire la langue et le texte à la fixation, à la cadavérisation dans laquelle les mots n'auraient plus aucune actualité effective ni émotionnelle.

La *Vita beati Raymundi* n'est donc en rien une *Vita* semblable à toutes les autres *Vitae sanctorum* de la chrétienté. Justement qualifiée de « contemporaine », elle écrit la liberté de construire toujours à nouveau le sens de l'histoire et l'incertitude constante et objective de Raymond face au monde, face à lui-même et face à cet Autre de lui-même qui est Dieu. Elle est une poétique de l'impossible, dans la mesure où Raymond veut l'impossible, c'est-à-dire sortir de l'opposition des valeurs toutes faites en se donnant la possibilité de faire surgir de nouveaux possibles ; ainsi choisit-il l'Art révélé sur la montagne, qui est aussi le Christ et le salut du monde, et sa propre damnation, qui est sa reddition d'existence et son désaisissement de lui-même. La fin du livre de la *Vie* ne saurait rien combler ; elle ébranle le déjà parlé. Raymond se retire en effet de sa propre vie, rendant l'existence qui lui a été donnée à la Parole divine qui n'est que silence. Raymond le fou, qui rit de lui-même, sait qu'il n'a jamais rien gagné et qu'il est le voyageur en terre étrangère d'un voyage qui n'a pas de fin au seul service de Dieu et du monde.

Dans le *Livre du Gentil et des trois Sages*, le gentil, comme les trois sages, souhaite au début du récit un monde où le bien et le mal soient nettement discernables, car il a le désir de juger avant de comprendre et d'avoir des repères fixes de certitude ; mais peu à peu se dégage et s'impose une semblable poétique de l'impossible, dans la mesure où le gentil est fondamentalement l'homme de la question et du cheminement, en exigence de sollicitude envers l'Autre et tous les autres, et dans la mesure où les sages acceptent de sortir de l'idéologique et de s'établir dans un espace polémique et éthique de dialogue. La capacité de la question implique à la fois la rupture de tout système philosophique et théologique qui risque de se fermer et la sollicitude infinie envers l'autre, théologien et spirituel comme Bonaventure, Anselme, Avicenne ou Maïmonide, infidèle comme les sarrasins ou les juifs, puissant comme les inquisiteurs, les papes, les rois, les villes. La violence n'est pas exclue ; elle a la fonction de réveiller le moi d'un sommeil dogmatique pour le ramener à la vigilance.

La *Vie de Raymond*, comme le *Livre du Gentil et des trois Sages*, comme le chemin sur la mer, déploie pour le lecteur un avenir qui délie d'une parole rendue déjà stérile par l'habitude.

L'histoire est toujours celle d'une perte ou plutôt d'un retrait ou même d'un renvoi, celui de Raymond qui ne peut être sujet écrit de son existence que s'il est perdu, renvoyé de sa propre vie au monde imaginal de la rencontre du gentil et des trois sages, renvoyé du mouvement de son écriture à l'Autre et à tous les autres, selon une dynamique qui fait que l'homme doit vivre dans un vaste mouvement d'échange et de variation, d'invention du monde et d'invention de soi. Sur ce renvoi, sur ce retrait, s'achèvent les livres, s'arrête l'écriture de Raymond. Il ne faut pas oublier que le chemin dans l'eau est trace, sillage, mais non mémoire ; progressivement s'efface toute possibilité de mémoire ; la vérité est celle de la marche. Arrachement, étrangeté, existence sont autant de synonymes pour Raymond. Le rapt par l'Autre et les autres empêche le vieillissement et la mort mais implique l'éclatement, l'ouverture, le renouvellement. Trace de l'infini, le livre comme le dialogue comme le chemin n'est jamais épuisé et c'est pourquoi on ne saurait concevoir une clôture de l'écrit ni un arrêt du questionnement. Telle est l'éblouissante réussite de Raymond : écrire sans que cette écriture soit la mort du dire, thématiser ce qui est fondamentalement soustrait à la fixité du thème – donc écrire sans écrire – et être producteur de temps et d'histoire.

L'œuvre lullienne du Livre en son pur débordement ne se distingue alors plus de la Parole pleine de promesses et de points de suspens, dans l'irritante et féconde impossibilité de dire le dernier mot, question et injonction adressées à l'homme. Or, selon la théologie chrétienne, Dieu n'a-t-il pas dit son dernier mot avec le Christ, Parole faite chair, qui vient combler ce qui manque dans toute parole, accomplir les Ecritures ? Selon la théologie musulmane, Mahomet n'est-il pas le Prophète unique, l'ultime messager de Dieu ? La Parole biblique, dans le judaïsme, est une Parole qui n'a pas encore bouclé sa course et personne ne peut se permettre de déjouer son infinie ouverture. Les multiples interprétations des rabbins, introduisant des marges et des blancs, même là où il n'y en a pas, font entrer du temps dans la Parole pour lui laisser la possibilité de rester en projet, ouverte àson impossible réalisation. L'homme messianique est celui qui se projette constamment dans l'à-venir, qui produit de la différence, du suspens, à l'intérieur même de l'écriture. Préserver la dimension messianique, c'est se mettre en suspens, se faire littéralement question et être dans l'impossibilité de dire le dernier mot. Edmond Jabès dans *Du désert au livre* écrit : « Le juif ne se pose pas seulement des questions, il est lui-même devenu question ». Le *Ma* ou la « Manne » : « Qu'est-ce ? » est l'attitude interrogative originaire qui fait de l'homme un homme : *Adam*, *Ma*. Le refus de la manne est le refus du chemin qui mène à l'au-delà de l'être. Existence interrogative, l'homme fait naître la totale possibilité des possibilités ; le texte surgit alors.

Raymond Lulle, chrétien de l'île de Majorque, a sans aucun doute été amené à acquérir la certitude, dans des circonstances et pour des raisons que nous ignorons et sur lesquelles, évidemment, il n'a rien dit, que l'attitude spécifiquement rabbinique et juive de relation au Livre et à la Parole divine, au monde et à tous les hommes – attitude ou interprétation traquée, occultée par les autorités chrétiennes –, pouvait offrir au christianisme une richesse théologique et spirituelle d'une inattendue et immense fécondité, une chance peut-être unique de conversion intérieure et d'authentique renouvellement. Ce que l'on sait seulement, c'est que Raymond, trop proche des juifs pour les convertir – ne reconnaissait-il pas d'ailleurs, comme je l'ai dit plus haut, que leur loi était « presque parfaite » –, ayant soin de clamer hautement sa connaissance de la langue et de la pensée arabe, s'est rendu insupportable aux musulmans pour lesquels il était à la fois familier et inquiétant et dont il troublait l'ordre religieux et social. Après sa mort, ceux, parmi les inquisiteurs chrétiens, qui étaient d'excellents connaisseurs de la pensée juive, se sont appliqués avec acharnement à faire brûler ses livres et à le juger comme hérétique, sans jamais donner cependant les motifs sérieux de leur condamnation et sans obtenir aucun succès décisif. La lecture attentive des quelques grands textes où Raymond parle de lui-même et révèle quelques convictions majeures de son existence amène en effet à considérer que les interprétations ou ouvertures talmudiques et midrachiques ont déterminé, pour Raymond, l'interprétation de sa conversion chrétienne et de son illumination, sa propre recherche de la vérité « entre » les maîtres du christianisme, de l'islam et du judaïsme, sa prise de parole et son art d'écrire. Mais cette considération demeure aussi une question que je laisserai ouverte en conclusion de cette étude.

En marge d'une chrétienté qui l'a globalement méconnu, sans disciples notoires, ni saint ni hérétique, Raymond est donc, comme toute marge, comme tout intervalle, quelqu'un en qui rien ne se dit plus et où tout semble se jouer. Ses livres sont-ils saints ou hérétiques ? Si les livres hérétiques créent par le questionnement qu'ils proposent le lieu de l'intervalle rendant possible la relation avec le divin, les livres qui se disent saints prétendent offrir ce qui ne peut pas s'offrir, l'infini. Or, ce que Raymond propose précisément dans ses textes, c'est le mouvement du questionnement qui est une mise en suspens de soi-même et une exigence de sollicitude envers les autres. Il produit de la différence, du suspens, à l'intérieur même de son écriture. Ses livres sont les espaces vides qui créent par le questionnement la séparation entre Dieu et l'homme, permettant la relation au divin, désignant non un contenu mais un chemin à poursuivre, à une époque où dominent les grandes synthèses dogmatiques et où les inquisiteurs prétendent exercer un contrôle étroit sur les esprits.

Le courage et l'intelligence de Raymond ont donc consisté à vouloir transmettre à tous les chrétiens, clercs et laïcs, de la fin du XIIIe siècle, par le mouvement même de son écriture et par un jeu subtil et complexe de dialogue entre ses textes, une parole neuve, inouïe, inédite, une parole sans référence au passé, libre, en rupture avec la tradition chrétienne, tout en la constituant paradoxalement : une capacité d'invention et non un sens donné, une parole in-sensée et de ce fait risquée et féconde, ultime intelligibilité de l'humain et du monde. Mais pour laisser vivre et se transmettre sa parole, Raymond a dû ne pas trop parler : écrire et se retirer en écrivant des livres non écrits, « dictés » ou « traduits », manifestant donc rhétoriquement leur propre absence afin de mieux échapper à toute emprise politique et religieuse, à toute compréhension idéologique, faisant plutôt miroiter l'insaisissable. Ainsi s'éprouvent l'intérêt et la modernité de cette pensée lullienne de l'excès, de la mobilité, de la folie, de la rupture, de la sollicitude et donc du commentaire incessant comme mode majeur de l'existence.

La 613e et dernière *Mitsva* de la Tora enseigne l'obligation pour chaque homme et femme d'écrire un Livre de la Tora. Cette «*Mitsva* du Livre» est déduite du verset «Ecrivez pour vous ce Cantique...» de *Deutéronome*, 31, 19. Raymond converti a bel et bien écrit un tel Livre – chrétien – de la Tora et donné à ses lecteurs l'espace éthique et polémique dans lequel ils pouvaient à leur tour suivre son exemple et écrire, mais il a dû adapter son écriture aux exigences de son époque. C'était pour lui la seule possibilité d'exprimer son expérience intellectuelle et spirituelle, de contribuer à la prise en charge responsable du monde par tout être présent et parlant et de proposer un champ de vérité où ceux qui sont présents et parlent deviennent signifiants en leurs particularités les uns pour les autres.

Telle est bien – entre le judaïsme, le christianisme et l'islam – la portée originale et immense de la parole risquée de Raymond, de l'invention de Raymond, qui prouve maintenant et toujours qu'aucune persécution ni intolérance ne peuvent empêcher l'expression d'une pensée indépendante et vivante.

Duke University, Caroline du Nord, octobre-décembre 1990
Palma de Mallorca, 19 mai 1991, jour de Pentecôte

TABLE DES MATIÈRES

ACHEVÉ D'IMPRIMER
EN MARS 1993
PAR L'IMPRIMERIE
DE LA MANUTENTION
A MAYENNE
N° 62-93